rororo

Mit Illustrationen
von Imke Sönnichsen

Ildikó von Kürthy

# KARL ZWERGLEIN

## Eine Geschichte für Zauberinnen und Zauberer

Rowohlt Taschenbuch Verlag

Originalausgabe

Veröffentlicht im Rowohlt Taschenbuch Verlag GmbH,
Reinbek bei Hamburg, November 2003

Lektorat Silke Kramer
Umschlag- und Innenillustrationen Imke Sönnichsen
Umschlaggestaltung any.way, Barbara Hanke
Satz Dante MT PostScript, QuarkXPress 4.11
Druck und Bindung Clausen & Bosse, Leck
Printed in Germany
ISBN 3 499 21235 8

Die Schreibweise entspricht
den Regeln der neuen Rechtschreibung.

PAPA, FÜR DICH

Etwas war anders an diesem Morgen. Nachdenklich betrachtete Karl die üppige Blumenwiese, die rings um ihn wucherte. Die weißen und gelben Margeriten waren um diese Zeit schon längst wach und streckten ihre Köpfe der aufgehenden Sonne entgegen. Und wie an jedem Morgen waren es die faulen Tulpen, die immer noch mit geschlossenen Kelchen dastanden und die schönsten Stunden des Tages verschliefen.

Karl mochte den frühen Morgen besonders gern – eine Eigenschaft, die er übrigens mit allen anderen Gartenzwergen teilte. «Wir Zwerglein», so pflegten sie zu sagen, «müssen der Sonne guten Tag sagen, sobald sie aufgeht. Tun wir das nicht, dann wird sie vielleicht eines Morgens einfach wegbleiben.»

Nun, die Sonne war jedenfalls aufgegangen – aber trotzdem war Karl beunruhigt. Er zog die Stirn unter seiner roten Zipfelmütze kraus und lugte zwischen den Gräsern hervor. Da! Jetzt wusste er, was sich verändert hatte! Die Rollläden waren hochgezogen! Über Nacht war jemand in Haus Rosenduft eingezogen!

Karl hätte vor Freude am liebsten einen Luftsprung gemacht. Ein Jahr lang hatte er im Garten von Haus Rosenduft gestanden. Im Winter waren ihm die Füße kalt geworden, im Herbst hatte er vom Nieselregen einen schlimmen Schnupfen bekommen, und im Frühjahr waren die Mieter von Haus Rosenduft ausgezogen und hatten ihn einfach stehen lassen.

Wie hatte er sich gelangweilt! Auch Gartenzwerglein, die von Natur aus fröhlich sind, können traurig werden, wenn man sie zu lange allein lässt.

Und Karl war sehr unglücklich gewesen. Der Lack seiner roten Zipfelmütze war an einigen Stellen abgeplatzt – Karl hatte sich nicht darum gekümmert. Im Januar hatte ihm ein Hagelsturm seine Laterne aus der Hand gerissen – es war Karl gleichgültig gewesen. Warum sollte er sich um sein Aussehen sorgen, wo ihn doch ohnehin niemand sehen konnte?

Aber jetzt war alles anders geworden. Haus Rosenduft war wieder bewohnt! Die Menschen würden Karls Mütze neu lackieren, ihm die Laterne wie-

der in die Hand drücken und sich über sein freundliches Gesicht freuen. Sicher würden sie bald kommen, um ihren Garten anzuschauen. Und es war nur eine Frage der Zeit, bis sie Karl zwischen den Margeriten entdecken und ihm einen neuen Platz geben würden. Vielleicht mitten auf der Wiese unter der großen alten Eiche.

Paula!»

Das kleine Mädchen zuckte erschrocken zusammen und schaute zum Haus, wo eine große, spindeldürre Frau auf der Terrasse stand und wütend mit den Armen fuchtelte.

«Paula! Komm sofort zurück und zieh deine Gummistiefel an. In dem hohen Gras holst du dir ja ganz nasse Füße!»

«Ja, Tante Margret.»

Missmutig schlurfte das Mädchen zum Haus zurück. Sie war an diesem Morgen ganz besonders früh aufgestanden, hatte eilig ihre langen braunen Haare gekämmt und in zwei dicke Zöpfe geflochten und war, barfuß und im Nachthemd, in den Garten gelaufen.

Der Garten! Auf ihn hatte sich Paula am meisten gefreut. Sicher, das große, schöne Haus Rosenduft mit den vielen Zimmern und den hohen Decken war ein Traum, besonders im Vergleich zu der kleinen Wohnung, in der Paula bisher mit ihren Eltern gewohnt hatte. Aber einen eigenen Garten mit hohen Bäumen und wilden Blumen hatte sich Paula gewünscht, solange sie denken konnte.

Gestern war es dann endlich so weit gewesen. Der Umzugswagen war gekommen, hatte die Möbel abgeholt, und noch am selben Abend war Paula mit ihrer Tante in das neue Haus gezogen. Paulas Eltern hatten fest versprochen, in einer Woche nachzukommen.

«Dein Vater muss auf eine Geschäftsreise nach Italien», hatte die Mutter gesagt. «Ich werde ihn begleiten. Und wenn wir wiederkommen, dann wohnst du mit Tante Margret schon im neuen Haus und kannst uns alles zeigen.»

«Und was ist mit dem Garten?», hatte Paula gefragt. «Ihr habt versprochen, dass ich einen Teil davon ganz für mich allein haben darf. Da darf keiner hin außer mir, und ich kann all die Blumen pflanzen, die ich gern habe.»

«Das Versprechen gilt», hatte die Mutter gesagt. Und bevor sie in das Taxi gestiegen war, das sie und Vater zum Flughafen bringen sollte, hatte sie sich nochmal umgedreht und gerufen: «Und Paula, sei nett zu Tante Margret!»

Das war leichter gesagt als getan.

«Du bist ja noch nicht einmal angezogen», fauchte Tante Margret in diesem Moment, «und gefrühstückt hast du auch noch nicht. Und denk daran: Morgen ist dein erster Tag in der neuen Schule. Du musst deinen Ranzen packen, damit die Lehrerin nicht gleich zu Anfang einen schlechten Eindruck von dir bekommt.»

«Und wann darf ich in den Garten gehen?», fragte

Paula leise. Sie wollte Tante Margret nicht unnötig durch Widerworte reizen. Sie war auch so schon unfreundlich genug – aber wenn man ihr die Laune verdarb, das wusste Paula, dann konnte sie richtig ungemütlich werden.

«Wir gehen nach dem Frühstück zusammen in den Garten. Ich habe für morgen einen Gärtner bestellt, der die Wiese mäht, die Hecke stutzt und die furchtbaren wilden Blumen ausreißt. Ich möchte, dass deine Eltern einen schönen, gepflegten Garten vorfinden, wenn sie in einer Woche kommen.»

Tante Margret drehte sich um und ging in die Küche, um die Sonntagsbrötchen in den Ofen zu schieben. Sie sah nicht, dass Paula Tränen in den Augen hatte.

Karl Zwerglein verwünschte die wilden Blumen, die so dicht um ihn herum wuchsen, dass sie ihn fast ganz verdeckten. So würden die beiden Menschen ihn nie finden. Schon seit einer halben Stunde beobachtete Karl das kleine Mädchen und die Frau, die durch den Garten wanderten und mal hier, mal dort stehen blieben.

Jetzt machten sie sich auf den Rückweg zum Haus. Wenn sie doch nur mal zu ihm herüberschauen würden! Wenn er sie doch nur rufen könnte!

Aber leider können Menschen die Zwerglein nicht verstehen. Menschen können auch nicht sehen, wie Zwerglein empört ihr Gesicht verziehen, wenn man sie grob anfasst oder an einen versteckten Platz in die hinterste Ecke des Gartens stellt. Zwerglein sind nämlich recht eitel, und da sie sich nicht fortbewegen können, sind sie darauf angewiesen, dass die Menschen sie gut behandeln und ihnen einen Ehrenplatz im Garten geben.

Karl fluchte also leise vor sich hin.

Er wollte die Hoffnung schon aufgeben, da hörte er plötzlich einen entzückten Ausruf.

«Oh, sieh mal, Tante Margret! Hier steht ein kleiner Gartenzwerg!»

Eine Kinderhand griff nach Karl und hob ihn hoch. Einen Moment lang schaute das Zwerglein in ein Paar große braune Augen. Was für Augen! Karl war hingerissen und dachte mit Schrecken an seine unansehnliche Mütze und die Laterne, die irgendwo im Gras lag. Ob er so dem kleinen Mädchen gefallen würde?

«Igitt, Paula, was hast du denn da für ein hässliches Ding gefunden?», rief in diesem Moment eine andere Stimme.

Mit großen Schritten kam Tante Margret heran, riss Paula das Zwerglein aus der Hand und schleuderte es mit einem gezielten Wurf geradewegs auf den Komposthaufen.

«Nicht, Tante Margret, ich möchte ihn behalten!», rief Paula, aber die Tante griff nach Paulas Hand und zog sie verärgert zum Haus zurück.

«In einem schönen Garten stehen keine hässlichen Gartenzwerge», sagte sie. «Du wirst sehen. Ich lasse einen kleinen Springbrunnen bauen, und wir stellen ein paar weiße Porzellanschwäne auf. Die werden dir viel besser gefallen als so ein altmodischer Zwerg.»

Die beiden verschwanden im Haus, und mit einem energischen Ruck schloss Tante Margret die Terrassentür.

Karl war von dem harten Aufprall ganz benommen. Dummerweise war er auch noch mit dem Gesicht zur Erde gefallen, sodass er nun überhaupt nichts mehr sehen konnte.

«Ein Springbrunnen mit Porzellanschwänen, pff, dass ich nicht lache», schimpfte das Zwerglein vor sich hin.

Aber nach Lachen war ihm gar nicht zumute. Wie hatte ihn diese fiese Tante genannt? Hässlicher, altmodischer Gartenzwerg? Was wusste die schon von Gartenzwergen? Was wusste sie von den wundersamen Kräften der Zwerglein?

Karl schniefte, und eine dicke Träne kullerte ihm über die Wange und versickerte im Komposthaufen. Die wenigsten Menschen wussten heutzutage noch, wie man einen Gartenzwerg behandeln muss, um die Zauberkraft zu erwecken, die in den Zwerglein schlummert.

Wehmütig dachte Karl an früher. Ja, früher, da war alles anders gewesen. Wenn die Sonne aufging, dann waren die Zwerge auf ihren kurzen Beinen durch die Gärten gerannt, hatten mit den Kindern Verstecken gespielt, ihre roten Mützchen geschwenkt und in ihren Schubkarren wunderschöne Kieselsteine gesammelt. Nachts waren sie dann wieder ganz starr und unbeweglich, standen brav bis zum nächsten Morgen in den Vorgärten und hatten ein wachsames Auge auf das Haus und seine lieben Bewohner.

Aber die Menschen hatten sich verändert. Sie hatten aus ihren Gärten ordentliche Parklandschaften gemacht und Pavillons und Springbrunnen auf die kurzen Zierrasen gestellt. Und sie hatten die Zwerglein vergessen. Viele waren in Mülltonnen oder auf zugigen Dachböden gelandet.

Zwei weitere Tränen tropften in den Komposthaufen. Karl schloss die Augen.

Am klaren Abendhimmel funkelten die ersten Sterne, und ein Käuzchen schrie.

«Ja», dachte Karl Zwerglein, «die Menschen haben sich verändert. Sie haben aufgehört, die wilden Blumen und die Wiesen zu lieben. Und sie haben aufgehört, uns Zwerge zu lieben. Deshalb können sie unsere Sprache nicht mehr verstehen, und deshalb kann sich kein einziges Zwerglein mehr bewegen.»

Paula starrte in die Dunkelheit. Sie konnte nicht einschlafen und wälzte sich unruhig in ihrem Bett mal auf die eine, mal auf die andere Seite. Schließlich, es war schon weit nach Mitternacht, schlüpfte sie leise aus ihren Decken, zog sich ihren blauweiß gestreiften Bademantel an und schlich zu ihrer Zimmertür. Sie öffnete sie einen Spaltbreit und lauschte.

Im Haus war alles ruhig. Tante Margrets Zimmer lag am anderen Ende des Flurs – Paula hörte ihr gleichmäßiges Schnarchen durch die geschlossene Tür.

Vorsichtig, Stufe für Stufe, schlich sie die Treppe hinunter, huschte quer durchs Wohnzimmer und öffnete die Terrassentür.

Die Nacht war mild, aber trotzdem fröstelte Paula ein wenig. Es war stockfinster, und in den Bäumen und Büschen raschelten die Blätter, so als würden Gespenster auf den Ästen Fangen spielen.

Paula stieg die wenigen Stufen zum Rasen hinunter und tastete sich langsam vorwärts. Wo war nur dieser verflixte Komposthaufen? Paula trat mit ihren bloßen Füßen in eine Distel – und schrie auf, weniger vor Schmerz als vor Schreck.

Im oberen Stockwerk des Hauses rührte sich etwas, Lichter gingen an, Türen wurden aufgerissen und fielen wieder laut ins Schloss. Paula hörte, wie Tante Margret aufgeregt ihren Namen rief.

«Paula! Paula! Wo bist du? Paula!»

In aller Eile rannte Paula weiter in den Garten hinein. Sie kratzte sich die Beine an Dornenbüschen auf und wäre schließlich fast über den Komposthaufen gestolpert. Schnell tastete sie ihn mit ihren Händen ab.

Da! Sie hatte gefunden, was sie suchte.

Sie packte das Zwerglein und überlegte fieberhaft, wo sie es verstecken könnte. Auf keinen Fall durfte es der Gärtner morgen finden. Sicher würde er es zusammen mit Unkraut, Geröll und Steinen in den großen Container schmeißen, der vor dem Haus stand und nachmittags abgeholt werden sollte.

Paula sah, wie das Licht auf der Terrasse anging und Tante Margret im Morgenrock mit aufgelösten Haaren herauseilte.

«Paula! Was machst du da draußen? Komm sofort wieder rein!»

Zwischen den Büschen huschte Paula hinüber zu der großen Eiche. Am Morgen hatte sie gesehen, dass dort im Stamm ein großes Astloch war, das sie, wenn sie sich auf die Zehenspitzen stellte, gerade erreichen konnte. Sie schob das Zwerglein hinein und stopfte zur Tarnung noch einige Zweige und Blätter nach. Das war geschafft.

«Hab keine Angst, Zwerglein, ich will dir helfen», flüsterte sie noch. Dann ging sie langsam zum Haus zurück.

«Paula! Bist du verrückt geworden? Was hattest du da draußen zu suchen? Du hast mir einen Mordsschreck eingejagt!», schimpfte Tante Margret.

Paula antwortete nicht.

«Paula, was ist los mit dir?»

Paula schaute starr geradeaus und ging, ohne die schimpfende Tante zu beachten, langsam ins Haus.

Wie ein aufgescheuchtes Huhn hopste Tante Margret um Paula herum.

«Was ist los mit dir? Kannst du mich hören? Antworte doch! Paula, Kind, kannst du mich denn nicht verstehen?»

Paula stieg mit hölzernen Bewegungen die Treppe hinauf. «Paula, mein Kind, schläfst du etwa? Schlafwandelst du?»

Wie zur Bestätigung stieß Paula ein leises Schnarchen aus, wobei sie sich allerdings das Lachen kaum verkneifen konnte. Sie öffnete die Tür zu ihrem Zimmer, steuerte geradewegs auf ihr Bett zu, legte sich hinein und machte die Augen zu.

Noch eine ganze Weile stand Tante Margret neben dem Kopfende, murmelte vor sich hin und schüttelte immer wieder den Kopf.

Als sie endlich gegangen war, stieß Paula einen tiefen Seufzer der Erleichterung aus. Das hatte ja wunderbar geklappt. Sie kuschelte sich in die Kissen. Jetzt musste sie aber schnell einschlafen. Schließlich war morgen ihr erster Schultag in der neuen Schule. Aber ihr letzter Gedanke galt dem kleinen Zwerglein, das jetzt sicher und bequem in dem Astloch lag. Dort würde es der Gärtner bestimmt nicht entdecken.

Zufrieden schlief Paula ein.

tag fällen. So ein großer Baum nimmt ja viel zu viel Platz weg. Das wird schönes Brennholz geben.»

Dann ging er davon, setzte sich auf die Terrasse und machte eine kleine Frühstückspause.

Karl Zwerglein saß zitternd in seinem Astloch. War das alles furchtbar! So sehr hatte er sich auf die neuen Bewohner gefreut – und jetzt das.

Der Morgen verging, und bis zum Mittag war bereits die Hälfte der Wiese kurz geschoren. Kurz vor zwölf hörte Karl, wie vor dem Haus ein Lastwagen vorfuhr, und gleich darauf schleppten drei Männer einen Springbrunnen und vier Schwäne in den Garten.

Tante Margret kam eilig aus dem Haus gelaufen, fuchtelte mit den Armen und gab Anweisungen.

«Dort hinten vor den Kletterrosen soll er stehen. Nun machen Sie doch schon! Und die Schwäne drum herum. Nein, nicht so, etwas näher ran. Meine Güte, ist das denn so schwer zu verstehen?»

Die Männer brummten leise ein paar Schimpfwörter, aber schließlich stand alles genau so, wie Tante Margret es haben wollte.

Der Lastwagen fuhr davon, Tante Margret drehte

noch ein paar Runden um ihren Springbrunnen, begutachtete jeden Schwan einzeln und ging dann ins Haus, um das Mittagessen vorzubereiten.

Als Paula nach Hause kam, stand bereits ein Topf mit dampfender Linsensuppe auf dem Tisch. Linsensuppe! Paula verzog angewidert das Gesicht, setzte sich aber brav an den Tisch und ließ sich von Tante Margret den Teller füllen.

«Na, wie war's in der Schule?», fragte sie. «Ist die Lehrerin nett?»

Paula murmelte zwischen zwei Löffeln Suppe etwas, das wie eine Bestätigung klang. Tante Margret brauchte nicht zu wissen, dass Paula gleich in der ersten Stunde auf ihrem Stuhl eingeschlafen war. Die Lehrerin hatte sie unsanft wachgerüttelt, und die anderen Kinder hatten gelacht. Die Nacht war einfach zu kurz gewesen.

Als hätte Tante Margret diese Gedanken erraten, fragte sie: «Hast du heute Nacht eigentlich irgendetwas Besonderes geträumt?»

Paula tat überrascht.

«Nein, wieso? Ich habe geträumt, ich würde in den Garten gehen und dort nach einem versteckten Schatz suchen. Aber so was träume ich öfter.»

«Hm», sagte Tante Margret und pulte sich mit einem Zahnstocher umständlich ein Linse aus dem Gebiss.

«Nach dem Essen kannst du in den Garten gehen», sagte sie auf einmal gut gelaunt. «Du wirst begeistert sein, was sich dort alles verändert hat. Und

am Donnerstag werden wir bestimmt viel Spaß haben. Dann wird der Gärtner nämlich die große Eiche fällen. Wenn du Lust hast, kannst du dabei zusehen.»

Paula verschluckte sich und hustete hastig in ihre Serviette.

«Warum denn das? Die Eiche ist doch so schön!»

Tante Margret schüttelte nachsichtig den Kopf.

«Das verstehst du noch nicht, Paula. Ein Garten muss gepflegt und übersichtlich sein. Du wirst sehen. Nachher ist er viel schöner.»

«Aber Mama und Papa haben mir doch versprochen, dass ich einen Teil des Gartens ganz für mich allein bekomme», wagte Paula vorsichtig einen Einwand.

«Ja, ja, ich weiß.» Tante Margret wurde langsam ungeduldig. «Aber erst einmal muss alles in Ordnung gebracht werden. Dann können wir weiterüberlegen. Ich kenne mich zufällig ganz gut mit Pflanzen aus. Ich werde dir helfen, die geeigneten auszusuchen, damit sie auch zum Stil des Gartens passen.»

Paula war von diesem Angebot ganz und gar nicht begeistert. Wenn bloß die Eltern schon da wären –

die würden sicher nicht die Eiche fällen lassen, und sie hätten bestimmt auch nichts dagegen, wenn Paula für das Zwerglein einen besonders schönen Platz aussuchen würde. Das Zwerglein! Hoffentlich hatte der Gärtner es nicht entdeckt.

Schnell aß Paula ihre Suppe auf und lief hinaus in den Garten.

Als sie sich vergewissert hatte, dass Tante Margret sie nicht beobachtete, rannte sie zu der Eiche, stellte sich auf die Zehenspitzen und steckte ihre Hand in das Astloch. Ein furchtbarer Schreck durchfuhr Paula. Das Astloch war leer und das Zwerglein verschwunden!

Karl kauerte hinter ein paar Farnen und schaute ungläubig auf seine Arme und Beine. Er konnte sich bewegen! Er konnte sich tatsächlich bewegen! Das war nun wirklich ein Wunder, und es war gerade zur rechten Zeit geschehen. Eben nämlich war der Gärtner von seiner ausgiebigen Mittagspause zurückgekehrt und hatte sich ein Maßband genommen, um den Baum, den er demnächst fällen wollte, ganz genau abzumessen. Er hatte an der einen Seite ange-

fangen und war langsam, Zentimeter für Zentimeter, dem Astloch näher gekommen.

Karl hatte gezittert und gebangt und sich schon im Müll zwischen stinkenden Abfällen liegen sehen. Und in diesem Moment war es geschehen: Sein Körper hatte sich aus der steinernen Starre gelöst. Blitzschnell, ehe der Gärtner ihn entdecken konnte, war Karl aus seinem Loch gekrochen und am Baum hinuntergeklettert. Dann war er wie der Blitz hinter die Farne geflitzt. Und hier saß er nun schon eine ganze Weile und betrachtete völlig verzückt die Finger seiner rechten Hand, die er einen nach dem anderen streckte und wieder krümmte. Er konnte sich bewegen!

Wenig später beobachtete er, wie das kleine Mädchen Paula aus dem Haus gelaufen kam, geradewegs auf die Eiche zuging und ihre Hand in das Astloch steckte. Er sah, wie sie verzweifelt darin herumtastete und sich dann vor den Baum setzte, ihren Kopf in den Händen verbarg und leise schluchzte.

Gerührt betrachtete Karl das Mädchen aus seinem Versteck heraus. Das also war des Rätsels Lösung: Es gab wieder

einen Menschen, der ein Zwerglein lieb hatte! Karl wischte sich eine Freudenträne aus dem Auge und rückte sein Mützchen zurecht. Er wollte sofort zu ihr hinlaufen und ihr von dem Wunder berichten, das sie vollbracht hatte. Weil sie ihn lieb hatte, würde sie ihn verstehen. Dann würde sie aufhören zu weinen, und gemeinsam könnten sie versuchen, die Blumen und die alte Eiche vor Tante Margret und dem Gärtner zu retten.

«Paula!»

Karl Zwerglein sah, wie das Mädchen sich die Tränen abwischte und langsam zum Haus ging. Tante Margret stand am Fenster und schaute Paula erwartungsvoll an.

«Na, wie gefallen dir die schönen Schwäne und der Brunnen?»

Paula zuckte mit den Schultern. «Ich habe sie gar nicht gesehen.»

Jetzt war Tante Margret aber wirklich verärgert. Diesem verwöhnten Kind konnte man nichts recht machen. Da gab man sich Mühe, aus diesem verwilderten Garten einen schönen Park zu gestalten, und was war der Dank?

«Dann komm jetzt herein und mach deine Hausaufgaben», sagte Tante Margret und schloss das Fenster.

Paula zog die Tür hinter sich zu und ging hinauf in ihr Zimmer. Lustlos schlug sie ihr Heft auf und starrte auf die leere Seite. Weil Paula während des Unterrichts ständig nur an das arme kleine Zwerglein gedacht hatte, musste sie lange grübeln, ehe ihr wieder einfiel, was sie aufhatte. Ach ja.

«Schreibt eine Geschichte», hatte die Lehrerin gesagt. «Das Thema könnt ihr selbst wählen. Sie soll von etwas handeln, was ihr selbst erlebt habt.»

Paula kaute an ihrem Federhalter und kritzelte geistesabwesend auf dem Papier herum. In Gedanken war sie bei dem Gartenzwerg. Wo mochte er jetzt wohl sein? Wahrscheinlich lag er irgendwo auf einer Müllkippe, vielleicht war er zerbrochen. Oder hatte der Gärtner ihn mitgenommen, um ihn in seinen eigenen Garten zu stellen? Paula nahm sich vor, ihn am nächsten Tag zu fragen.

Als sie an diesem Abend ins Bett ging, hatte sie keine einzige Zeile geschrieben, sondern nur viele kleine Zwerglein mit Zipfelmützen und traurigen Gesichtern gemalt.

Paula, lies bitte deine Geschichte vor.»

Alle Augen richteten sich gespannt auf das Mädchen, das seit zwei Tagen neu in der Klasse war.

Paula schreckte hoch. Sie war schon wieder fast eingenickt, denn auch in der letzten Nacht hatte sie vor Kummer kaum schlafen können. Immer wieder hatten sie Albträume geplagt, in denen sie das Zwerglein um Hilfe rufen hörte. Im Traum sah sie sich selbst zum Schlafzimmerfenster gehen und in den Garten schauen. An dem Platz, an dem die alte Eiche gestanden hatte, saß nun ein riesiger schwar-

zer Schwan, der Paula sein Gesicht zuwandte und sie höhnisch auslachte.

Immer wieder war sie voller Angst aufgewacht.

Und jetzt saß sie hier in der Schule, vollkommen übermüdet, und hatte nicht einmal eine Geschichte, die sie vorlesen konnte. Der Junge hinter ihr fing schon an zu kichern.

«Paula, ich warte», sagte die Lehrerin.

Paula spürte, wie sie bis über beide Ohren rot wurde. Das Kichern hinter ihr wurde lauter.

«Ich habe noch nichts geschrieben», sagte Paula leise. «Aber bis zur nächsten Stunde habe ich ganz bestimmt eine Geschichte, die ich vorlesen kann.»

Die Lehrerin kam hinter ihrem Pult hervor und blickte nachdenklich auf Paula hinunter.

«Das gefällt mir aber gar nicht. Erst schläfst du im Unterricht ein, und dann machst du nicht mal deine Hausaufgaben.»

Paulas Augen füllten sich mit Tränen.

«Heulsuse», zischelte eine Stimme neben ihr.

«Ich fürchte, Paula», sagte die Lehrerin, «ich werde mal mit deinen Eltern sprechen müssen.»

Als Paula an diesem Mittag nach Hause kam, wartete Tante Margret schon an der Tür. Sie nahm Paula schweigend die Schultasche aus der Hand, ging damit zum Küchentisch und breitete den Inhalt des Ranzens darauf aus. Als sie das Aufsatzheft gefunden hatte, setzte sie sich hin und schlug es, immer noch schweigend, auf.

Paula sah, wie sich auf Tante Margrets Stirn eine steile Falte abzeichnete. Das war die Zornesfalte, und Paula kannte sie gut. Wenn Tante Margret die Stirn kraus zog, dann hatte das noch nie etwas Gutes zu bedeuten gehabt.

«Was bitte soll das?», fragte sie mühsam beherrscht und hielt Paula das Heft unter die Nase.

Paula blickte auf die traurigen Zwerglein, die sie gezeichnet hatte, und schwieg.

«Nun, dann werde ich dir sagen, was das zu bedeuten hat», rief Tante Margret und schmiss das Heft wütend auf den Küchentisch zurück. «Deine Lehrerin hat heute hier angerufen. Sie hat sich über dich beklagt. Du schläfst im Unterricht ein und erledigst deine Hausaufgaben nicht. Wenn das so weitergeht, hat sie gesagt, wirst du in die erste Klasse zurückversetzt.»

Paula schwieg immer noch, aber Tante Margret hatte sich so richtig in Wut geredet.

«Ich kann mir denken, warum du Gartenzwerge malst, statt eine Geschichte zu schreiben», schimpfte sie. «Du hast immer noch diesen ekligen Zwerg im Kopf, den ich auf den Komposthaufen geworfen habe. Und weißt du, was wir jetzt machen werden!? Wir gehen zusammen in den Garten, nehmen uns den Zwerg und schmeißen ihn gemeinsam in die Mülltonne. Jawohl, das werden wir machen. Und dann wirst du deine Hausaufgaben ordentlich erledigen. So!»

Tante Margret nahm Paula fest bei der Hand und zerrte sie hinter sich in den Garten hinaus. Auf der Terrasse fiel ihr allerdings ein, dass sie noch Kartoffeln auf dem Herd stehen hatte.

«Warte hier auf mich, ich bin gleich wieder da», fauchte sie und machte auf dem Absatz kehrt.

Paula blieb mit hängenden Schultern stehen. «Von wegen», dachte sie. «Das arme Zwerglein ist ja schon längst auf dem Müll.»

Sie ließ ihren Blick durch den Garten wandern, betrachtete unglücklich den kitschigen Springbrunnen und die hässlichen Schwäne. Sie machte ein paar

Schritte auf den Rasen hinunter und schaute nach der alten Eiche, die traurig ihre Blätter hängen ließ, als wüsste sie, was ihr bevorstand. Und dann – Paula konnte nicht glauben, was sie da sah! Sie rieb sich die Augen. Nein, das war kein Traum. Unter der Eiche, auf der Wiese, die dort noch nicht gemäht war, stand das Zwerglein. Es stand dort, lachte Paula an und winkte.

Es winkte?

«Aber Gartenzwerge sind doch nicht lebendig», dachte Paula verwirrt und ging zögernd auf das Zwerglein zu. In diesem Moment hörte sie Schritte hinter sich. Tante Margret! Sie durfte den Gartenzwerg auf keinen Fall finden! Aber es war schon zu spät.

«Da haben wir ja den Burschen!», rief Tante Margret und kam mit strenger Miene über den Rasen gefegt. Sie packte das Zwerglein und steckte es in eine Tüte.

Karl blieb völlig regungslos, um die gefährliche Tante nicht misstrauisch zu machen. Wenn sie sich schon so sehr über einen Gartenzwerg aufregte – wie sehr würde sie sich erst aufregen, wenn dieser Zwerg sich auch noch bewegte. Karl blieb also vollkommen still, während er in der stickigen Tüte heftig hin und her geschüttelt wurde.

Leise, durch das Papier gedämpft, hörte das Zwerglein die Stimme von Tante Margret: «So, und jetzt verschwindet dieses Ding ein für alle Mal.»

Tante Margret schwenkte die Tüte erbost herum, sodass es Karl ganz übel wurde. Er schrie empört auf, als er mit der Nase gegen irgendeinen Gegenstand stieß, den die Tante offensichtlich gerammt hatte.

«Du hast selbst Schuld», hörte er sie sagen. «Ich nehme die Tüte jetzt mit in mein Zimmer, damit du mir nicht heimlich an die Abfalltonnen schleichst und diesen Kerl wieder rausholst. Übermorgen werde ich ihn dann persönlich der Müllabfuhr übergeben. Und dann ist endgültig Schluss mit diesem unappetitlichen Gartenzwerg. So, und du gehst jetzt auf dein Zimmer und machst deine Schularbeiten.»

Zwei dicke Tränen fielen auf die leere Heftseite und weichten das Papier auf. Paula kramte ein Taschentuch aus der Schublade und schnäuzte sich die Nase. Sie klappte das Heft zu und ging zum Fenster. Sie war jetzt ohnehin nicht in der Stimmung, eine schöne Geschichte zu schreiben. Sollte die Lehrerin doch schimpfen, sollten die Kinder sie doch auslachen. Das alles schien Paula überhaupt nicht wichtig zu sein.

Draußen hatte es angefangen zu regnen. Dicke Tropfen schlugen gegen das Fenster, und am Himmel ballten sich dunkle Wolken.

In zwei Tagen musste Paula ihren Aufsatz fertig geschrieben haben. Aber worüber sollte sie schreiben? In zwei Tagen ...

Paulas Gedanken wanderten zu dem Zwerglein. Sie hatte gesehen, wie Tante Margret die Tüte unter ihr Bett geschoben hatte. Konnte es wirklich sein, dass das Zwerglein sich bewegt hatte? Konnte es sein, dass es gelacht und Paula zugewinkt hatte? Auf einmal war sie sich nicht mehr sicher, ob sie sich das alles vielleicht doch nur eingebildet hatte. In zwei Tagen ... Wieder musste Paula anfangen zu weinen.

In zwei Tagen würde der Gartenzwerg in dem bedrohlichen, großen Auto der Müllabfuhr landen und dort für immer verschwinden. In zwei Tagen würde der Gärtner kommen und die große Eiche fällen. Und in zwei Tagen würde Paula der Lehrerin sagen müssen, dass sie ihren Aufsatz nicht geschrieben hatte. Es war wirklich alles schief gegangen, was überhaupt schief gehen konnte. Dabei hatte sie sich so sehr auf den Umzug, auf das neue Haus und den großen Garten gefreut.

Paula drückte ihre triefende Nase an das Fenster und tat sich entsetzlich Leid.

«Ich fahre jetzt zum Einkaufen! Ich nehme den Wagen, weil es draußen gießt wie aus Kübeln!»

Paula ging in den Flur und schaute über das Geländer. Tante Margret hatte sich ein Plastikhäubchen über den Kopf gezogen, was ihre spitze Nase unvorteilhaft zur Geltung brachte.

«In Ordnung!», rief Paula hinunter, und Tante Margret nickte ihr kurz zu, ehe sie das Haus verließ.

Unschlüssig blieb Paula am Treppenabsatz stehen. Sollte sie es wagen? Die Gelegenheit war günstig. Tante Margret würde sicher nicht vor einer halben Stunde wieder zurück sein.

Paula nahm ihren ganzen Mut zusammen, lief zu Tante Margrets Zimmertür und drückte vorsichtig die Klinke herunter. Nichts rührte sich. Die Tür war abgeschlossen.

Enttäuscht wollte Paula schon in ihr Zimmer zurückgehen, als sie eine Idee hatte. Wenn das Zwerglein wirklich lebendig war, konnte es vielleicht auch sprechen. Sie hockte sich auf den Boden und klopfte leise an die Tür. Alles blieb still. Paula klopfte wieder, diesmal etwas lauter.

Nichts.

«Hallo, Zwerglein!», rief Paula leise. «Hallo, Zwerglein, ich bin's, Paula, kannst du mich hören?»

Sie presste ihr Ohr an die Tür.

Da! Hatte sie nicht gerade ein Rascheln gehört? Ein bisschen unheimlich war die Sache ja schon. Ob sie nicht doch lieber wieder in ihr Zimmer gehen und das Ganze auf sich beruhen lassen sollte? Aber jetzt hörte sie deutlich wieder dieses Rascheln, und eine helle Stimme fluchte: «Verdammte Misttüte.»

Leise Schritte trappelten über den Teppichboden, und dann hörte Paula ein Schnaufen direkt auf der anderen Seite der Tür.

«Zwerglein?», hauchte Paula, und eine Gänsehaut lief ihr über den Rücken.

«Ich heiße Karl», sagte eine Stimme auf der anderen Seite.

Paula war verblüfft.

«Du hast einen Namen?»

«Natürlich habe ich einen Namen. Du heißt ja auch Paula und nicht Menschlein.»

Das klang logisch, und Paula fasste etwas Vertrauen in das wundersame Wesen auf der anderen Seite der Tür. Bloß wusste sie nicht so recht, was sie jetzt noch sagen sollte. Sie hörte, wie Karl etwas vor sich hin brabbelte.

«Sprich bitte lauter, Karl. Ich kann dich nicht verstehen!»

«Hör zu. Ich habe mir was überlegt», sagte der Gartenzwerg. «Würdest du mir dabei helfen, hier herauszukommen, um die alte Eiche vor dem Gärtner zu retten? Sie ist nämlich eine gute Freundin von mir.»

«Natürlich!», rief Paula. «Aber was kann ich tun?»

Ihr Herz klopfte bis zum Hals vor lauter Aufregung.

«Pass genau auf, Paula», ertönte wieder Karls Stimme. «Es ist so, dass die meisten Zwerglein sich nur am Tag bewegen können. Nur die Zwerge, die eine Laterne haben, sind auch nachts lebendig.»

Paula rutschte etwas näher an die Tür, um Karl besser zu verstehen.

«Ich hatte einmal eine Laterne. Aber ein Sturm hat sie mir aus der Hand gerissen, und jetzt liegt sie irgendwo im Garten. Bist du noch da, Paula?»

«Ja, ja», antwortete sie. «Erzähl weiter.»

«Also gut. Du musst versuchen, die Laterne heute Nacht zu finden, und mich morgen irgendwie hier rausholen. Dabei ist es wichtig, dass du mir die Laterne vor Sonnenuntergang gibst. Sonst bin ich die ganze nächste Nacht starr wie ein Stein.»

«Und was machen wir, wenn du die Laterne hast?», fragte Paula ängstlich. Die Vorstellung, schon wieder in der Dunkelheit in den Garten zu müssen, behagte ihr ganz und gar nicht.

Karl kicherte. «Dann werde ich ein bisschen zaubern.»

«Paula! Mit wem sprichst du denn da?»

Zu Tode erschrocken sprang Paula auf. Tante Margret war wieder zurück, ohne dass sie es bemerkt hatte!

«Schnell, Karl, zurück in die Tüte!», zischte sie.

Tante Margret kam schon die Treppe herauf!

«Denk daran! Vor Sonnenuntergang!», flüsterte Karl noch, und dann hörte Paula wieder seine kleinen Füße, die eilig davontrippelten.

Paula strich sich ihr T-Shirt glatt und fing an, leise vor sich hin zu murmeln: «Zwei mal zwei macht vier. Eins und fünf ist sechs.»

«Was redest du denn da? Und warum bist du nicht in deinem Zimmer?», fragte Tante Margret und kam argwöhnisch näher.

«Ach, ich muss für die Schule Kopfrechnen üben», antwortete Paula. «Und wenn ich dabei auf und ab gehe, kann ich mich besser konzentrieren.»

Sie ging zurück in ihr Zimmer und ließ die verdutzte Tante einfach stehen.

Meine Güte, war das stickig hier drin. Karl war zurück in die Tüte gekrochen und japste wie ein Fisch auf dem Trocknen. Er war diese Anstrengung einfach nicht mehr gewohnt. Lange hatte er sich nicht bewegt, und morgen würde er wahrscheinlich einen höllischen Muskelkater haben.

Gerade als sich sein Atem etwas beruhigt hatte und sein Herz nicht mehr wie rasend klopfte, hörte er, wie sich der Schlüssel im Schloss drehte. Die Tür wurde geöffnet und wieder geschlossen, dann ließ sich jemand schwungvoll aufs Bett plumpsen, dass die Federn über Karls Kopf bedrohlich quietschten.

«Was ist bloß mit diesem Kind los?», hörte er Tante Margret seufzen. «Sie benimmt sich wirklich merkwürdig in letzter Zeit. Läuft nachts schlafwandelnd durch den Garten, gibt sich in der Schule keine richtige Mühe und schreibt ihren Aufsatz nicht, obwohl sie doch sonst gerade in Deutsch immer so gut war.»

Tante Margret stand auf, ordnete ihr Haar und griff nach der Tüte, die unter ihrem Bett lag. Sie holte den Gartenzwerg heraus, stellte ihn vor sich auf den Frisiertisch und betrachtete ihn eine Weile.

«Ich werde das Gefühl nicht los, dass das alles irgendwie mit diesem komischen Wicht zusammenhängt.»

Sie nahm das Zwerglein in die Hand, drehte und wendete es und schüttelte dabei unentwegt den Kopf.

«Ich weiß wirklich nicht, was Paula an diesem Ding hier findet», murmelte sie. «Solche Zwerge sind doch

völlig aus der Mode. Rote Zipfelmütze, Pausbacken, ständig ein dämliches Grinsen im Gesicht. Man macht sich ja lächerlich, wenn man sich heutzutage so was in den Garten stellt.»

Sie steckte Karl wieder in die Tüte und verstaute ihn unter dem Bett. Dann ging sie in die Küche, um die Möhren fürs Abendessen zu putzen.

Karl war vor Ärger ganz rot angelaufen. Wie hatte sie ihn genannt? Komischer Wicht?

Es gab für ein Zwerglein keine schlimmere Beleidigung, als es mit einem Wicht zu vergleichen. Wichtelmännchen, das wusste unter den Gartenzwergen jedes Kind, hausten im Wald in dunklen Erdhöhlen, trugen schmuddelige grüne Mäntel, hatten dicke Knollennasen und nichts als Unsinn im Kopf.

Hatte je ein Wichtelmann so bunte Kleider und lustige Mützchen getragen wie ein Zwerglein? Hatte je ein Wicht im Garten gestanden, stolz und schön anzusehen? Nein, das war von jeher die alleinige Aufgabe der Zwerge gewesen.

Bis zum Abend ärgerte sich Karl in seiner Tüte noch über diese ungeheuerliche Beleidigung. Dann machte der Sonnenuntergang seiner Wut ein Ende.

Genau in dem Moment, als das letzte Tageslicht verschwand und es in Tante Margrets Zimmer dunkel wurde, erstarrte Karl zu Stein. Sein letzter Gedanke war: «Die Laterne. Hoffentlich findet Paula die Laterne. Dann wird alles gut.»

Wie soll ich bloß die Laterne finden?»

Paula war früh ins Bett gegangen und hatte sich den Wecker auf elf Uhr gestellt. Sie hatte gehofft, noch ein paar Stunden schlafen zu können, bevor sie sich im Garten auf die Suche nach Karls Laterne machen wollte. Aber sie war viel zu aufgeregt, und an Schlaf war überhaupt nicht zu denken.

Paula ärgerte sich, dass sie keine Zeit mehr gehabt hatte, den Gartenzwerg noch etwas zu fragen. Wie sollte sie mitten in der Nacht, in völliger Dunkelheit eine winzige Zwergenlaterne finden? Paula hatte keine Taschenlampe, und da es draußen immer noch in Strömen regnete, würde ihr eine Kerze auch nichts nützen. Was sollte sie bloß tun?

Aus dem Wohnzimmer vernahm Paula gedämpfte Stimmen. Dort saß Tante Margret und schaute sich ihre Lieblingssendung an. Paula überlegte, ob sie noch einmal zu Tante Margrets Zimmer schleichen sollte. Ja, sie würde Karl fragen, wo genau sie nach seiner Laterne suchen sollte.

Auf nackten Füßen schlich Paula über den Flur. Ein Dielenbrett knarrte. Paula blieb erschrocken stehen. Aber unten rührte sich nichts.

«Aber Maria, ich habe dich doch immer geliebt», sagte eine dunkle Männerstimme. Das musste der Hauptdarsteller Hubi Hansen sein, den Tante Margret schon seit ihrer Jugend vergötterte. Die Sendung ging ihr immer sehr zu Herzen, und tatsächlich hörte Paula ein lautes Schluchzen, das nicht aus dem Fernseher kam. Paula lächelte zufrieden. Wenn jetzt das Haus einstürzen würde – Tante Margret würde es nicht bemerken.

Die Zimmertür war diesmal nicht abgeschlossen, und unbemerkt schlüpfte Paula hinein. Sie wartete einen Moment, bis sich ihre Augen an die Dunkelheit gewöhnt hatten, dann huschte sie schnell zum Bett und holte die Tüte hervor.

«Zwerglein, ich bin's!»

Karl regte sich nicht.

Paula schüttelte ihn ein wenig und pikte ihn mit dem Finger in den Bauch.

Keine Reaktion.

Und in dieser Sekunde fiel Paula wieder ein, was Karl am Nachmittag zu ihr gesagt hatte: «Wir Zwerglein können uns nur am Tag bewegen.»

Ja natürlich! Wie hatte sie das nur vergessen können! Deshalb musste sie ja seine Laterne finden.

Gerade wollte sie Karl wieder unters Bett schieben, als ihr ein Gedanke kam. Sie schaute sich, so gut es im Dunkeln ging, im Zimmer um. Dort auf dem Frisiertisch stand eine riesige Flasche Parfüm. Tante Margrets Lieblingsparfüm. Es hieß «Würziger Wurzelduft» und hatte ein Vermögen gekostet. Die Tante hatte es sich vor zwei Monaten gekauft, und seither konnte man sie auf hundert Meter Entfernung riechen.

Paula nahm die schwere Flasche und wog sie prüfend in der Hand. Ja, das konnte klappen. Sie steckte das Parfüm in die Tüte und legte sie an ihren alten Platz unters Bett. Bei der Vorstellung, dass Tante Margret ihr eigenes Parfüm in den Müllwagen werfen würde, lachte Paula still in sich hinein.

Sie klemmte sich das Zwerglein unter den Arm und huschte lautlos in ihr Zimmer zurück. Karl stopfte sie in die hinterste Ecke ihres Kleiderschrankes, wo die alten Schuhe standen. Dort war er in Sicherheit. Und morgen, wenn Paula aus der Schule kam, würde sie ihm in aller Ruhe seine Laterne geben können.

Ach herrje, die Laterne! Dieses Problem hatte sie allerdings noch nicht gelöst.

Paula legte sich zurück ins Bett, und als um elf der Wecker klingelte, hatte sie tatsächlich ein paar Stunden geschlafen. Sie wartete noch ein Weilchen, um sicher zu sein, dass Tante Margret auch fest schlief, dann machte sie sich, in Nachthemd, Regenmantel und Gummistiefeln, auf den Weg in den Garten.

Paula versank bis zu den Knöcheln im Matsch. Was für ein abscheuliches Wetter! Sie war schon völlig durchnässt, obwohl sie erst wenige Schritte gegangen war. Regentropfen rannen ihr in die Augen, und sie konnte kaum die Hand vor Augen sehen. Sie tappte durch die Dunkelheit und stellte sich zum hundertsten Mal die Frage: «Wie soll ich bloß die Laterne finden?»

Ein lautes Rascheln neben ihr im Gebüsch ließ sie zusammenzucken. Was war das? Vor Schreck rannte Paula los.

Plötzlich stieß sie gegen irgendetwas Hartes, rutschte aus und fiel der Länge nach ins Gras. Hinter sich hörte sie ein lautes Scheppern. Oje! Paula hatte einen der Porzellanschwäne umgerannt, und er war in tausend Stücke zerbrochen.

Sie rappelte sich wieder hoch und rannte weiter. Da war die alte Eiche! Paula stolperte auf sie zu und lehnte sich mit dem Rücken an ihren rauen, starken Stamm.

«Hilf mir!», flüsterte Paula. «Zwerglein Karl schickt mich. Er sagt, du bist eine Freundin von ihm.»

Es war Paula, als ginge eine sanfte Bewegung durch den mächtigen Stamm. Der Regen schien etwas nachzulassen, und das Rascheln in den Büschen verstummte. Paula wartete, bis sich ihr Atem beruhigt hatte. Sie fühlte sich jetzt wieder viel sicherer und mutiger.

«Danke», flüsterte sie der alten Eiche zu, dann machte sie sich auf die Suche nach der Laterne.

Sie schaute zwischen Gräsern und Blumen, unter Steine und Büsche, aber sie konnte die Laterne nicht finden. Paula war verzweifelt, und als sie schon aufgeben und ins Haus zurückgehen wollte, sah sie plötzlich einen Lichtschimmer. Ganz in ihrer Nähe, zwischen den Margeriten blinkte etwas in der Dunkelheit. Langsam ging Paula näher heran. Was mochte das sein?

Sie bückte sich und bog die Blumen vorsichtig auseinander. Das Leuchten wurde stärker. Da! Paula wollte ihren Augen nicht trauen. Da lag die kleine Laterne im Gras und leuchtete!

Behutsam nahm Paula die Laterne in die Hand. Wie hübsch sie aussah! Ihre Ränder waren grün und rot gemustert, und in ihrem Inneren flackerte eine kleine Flamme.

Paula stieß einen erleichterten Seufzer aus. Sie hatte es geschafft! Kein Wunder, dass Karl so sicher gewesen war, dass sie seine Laterne finden würde. Er hatte gewusst, dass sie angezündet war.

Sie verbarg die winzige Laterne in ihrer Hand und lief schnell zum Haus zurück. Jetzt hatte sie keine Angst mehr vor der Dunkelheit und auch nicht vor dem Rascheln in den Büschen. Alles war gut gegangen. Alles würde gut werden. Paula zog sich den Regenmantel aus, streifte die Gummistiefel von den Füßen und versteckte die Laterne in ihrer Nachttischschublade. Sie kuschelte sich zufrieden unter ihre Decke und schlief sofort tief und fest.

Am nächsten Morgen wachte Paula davon auf, dass sie jemand unsanft an der Schulter rüttelte.

«Karl?», fragte sie völlig verschlafen und öffnete mühsam die Augen.

Tante Margrets spitze Nase war keine drei Zentimeter von Paulas Gesicht entfernt. «Ich habe schon viermal nach dir gerufen», sagte sie. «Wenn du nicht sofort aufstehst, kommst du noch zu spät zur Schule.»

Paula gähnte ausgiebig und kletterte aus dem Bett. Auf dem Weg zum Bad kam Tante Margret hinter ihr her und gab ihr ein frisches Handtuch.

«Wer ist eigentlich dieser Karl?», fragte sie, als Paula sich die Zähne putzte.

Während sie gurgelte, überlegte Paula fieberhaft, was sie antworten sollte.

«Du kennst Karl nicht?», fragte sie schließlich und wischte sich die Zahnpasta aus den Mundwinkeln. «Karl Kraus, das ist doch der Hauptdarsteller aus der neuen Serie, die nächste Woche im Fernsehen anläuft.»

«Seit wann interessierst du dich denn für neue Serien?», fragte Tante Margret überrascht.

Aber Paula antwortete nur mit einem Schulterzucken und ging in ihr Zimmer zurück, um sich anzuziehen.

Sie öffnete den Kleiderschrank, nahm ein blaues Kleid vom Bügel und ein Paar Socken aus dem Regal. Dann bückte sie sich und flüsterte in das Dunkel des Schrankes: «Guten Morgen, Karl Zwerglein!»

«Wo bin ich denn nun schon wieder gelandet?», brummte es aus dem Haufen alter Schuhe heraus.

«Ich habe dich gestern Abend aus Tante Margrets Zimmer geholt und in meinem Kleiderschrank ver-

steckt. In die Tüte habe ich eine Flasche Parfüm gewickelt», antwortete Paula, nicht ohne Stolz.

«Parfüm?», fragte Karl verständnislos.

«Ja, du weißt schon, so ein Duftwasser, das sich Frauen hinter die Ohren tupfen, um besser zu riechen.»

«Ein besserer Duft könnte hier auch nicht schaden.» Karls Stimme klang, als würde er sich die Nase zuhalten. «Hier riecht's wie im Mülleimer.»

Paula war ein bisschen beleidigt, aber dann fiel ihr ein, dass sie das Wichtigste noch gar nicht erzählt hatte.

«Karl, ich habe letzte Nacht die Laterne gefunden! Sie liegt jetzt in der Nachttischschublade. Und weißt du, was das Tollste ist? Sie leuchtet sogar!»

Ein heftiges Kichern ließ den Schuhhaufen erzittern. «Was hast du denn gedacht?», prustete das Zwerglein. «Eine Laterne ohne Licht, das wäre ja wie ein Gartenzwerg ohne Zipfelmütze!» Karl konnte sich gar nicht beruhigen vor lauter Lachen.

«Jedenfalls», sagte Paula bestimmt, «komme ich nach der Schule sofort zu dir und gebe dir die Laterne. Und jetzt sei still, damit Tante Margret dich nicht entdeckt.»

Karl verstummte sofort. Aber ehe Paula die Schranktür ganz zumachte, räusperte er sich und rief leise: «Paula, ich wollte noch sagen, also, hm, ich wollte sagen, dass ich, also nun ja, hm, also hm, ich wollte sagen: Vielen Dank für alles. Du bist ein tolles Mädchen.»

Gartenzwerge, muss man wissen, tun sich entsetzlich schwer, sich zu bedanken oder jemandem ein liebes Wort zu sagen. Zwerglein tun zwar viel Gutes, aber sie reden nicht gern darüber.

Paula lächelte glücklich und schloss die Tür. Dann lief sie schnell hinunter in die Küche, um zu frühstücken. Sie musste sich beeilen, wenn sie noch rechtzeitig in der Schule sein wollte.

Um Himmels willen! Schon Viertel vor neun! Unruhig rutschte Paula auf ihrem Stuhl herum. Warum musste Tante Margret auch ausgerechnet heute Abend auf die Idee kommen, ins Kino zu gehen?

«Paula, ich habe ein schöne Überraschung für dich», hatte sie gerufen, als Paula aus der Schule kam. «Weißt du, was wir heute machen!?»

Paula hatte den Kopf geschüttelt, aber Böses geahnt.

«Heute gehen wir in ein schickes Lokal zum Mittagessen, dann bummeln wir durch die Stadt und kaufen dir ein Paar neue Schuhe, und anschließend gehen wir in einen ganz reizenden Kinderfilm. Was sagst du dazu?»

Paula hatte vor Schreck gar nichts gesagt, aber Tante Margret hatte offenbar geglaubt, dass es ihr vor Freude die Sprache verschlagen hatte.

Und jetzt saß sie hier in einem dunklen Kino, musste sich einen langweiligen Film über die geheimnisvolle Welt der kleinen Blattlaus Luise ansehen, während es draußen langsam dunkel wurde. Immer wieder gingen ihr die Worte Karls durch den Kopf: «Es ist wichtig, dass du mir die Laterne vor

Sonnenuntergang gibst. Sonst bin ich die ganze Nacht starr wie ein Stein.»

Es war wirklich zum Verrücktwerden! Der Film zog sich furchtbar lang hin. Blattlaus Luise musste die blödesten Abenteuer überstehen, und als sie endlich den Lausmann Bubi heiratete und die Schlussmusik erklang, sprang Paula sofort auf.

Tante Margret zwängte sich hinter ihr durch die Sitzreihen und fragte keuchend: «Was ist denn los, Paula, warum müssen wir uns denn so hetzen?»

Paula antwortete nicht und rannte aus dem Kino. Draußen blieb sie wie erstarrt stehen. Zu spät! Sie kam zu spät! Die Sonne ging gerade unter.

Den ganzen langen Tag hatte Karl Zwerglein im Schrank zwischen Paulas alten Schuhen gesessen und gewartet. Er hatte sich die Zeit damit vertrieben, die Schnürsenkel aus den alten Schuhen zu ziehen, sie zusammen- und dann wieder auseinander zu flechten. Aber auch das war ihm auf die Dauer zu langweilig geworden.

Es musste doch schon weit über Mittag sein. Wo blieb Paula bloß?

Die Schranktür war nur angelehnt, und durch den Spalt sickerte etwas Tageslicht herein, sodass Karl wenigstens nicht im Dunkeln sitzen musste. Stunde um Stunde wartete er. Im Haus war alles völlig still. Den ganzen Vormittag hatte Tante Margret in der Küche hantiert, mit Töpfen geklappert und dazu laut und falsch alte Schlager gesungen. Zwerglein sind sehr musikalisch, und bei jedem schiefen Ton war Karl zusammengezuckt. Aber jetzt war überhaupt nichts mehr zu hören, und das war ihm wiederum auch nicht recht. Richtig unheimlich konnte es einem da werden.

Die Stunden vergingen, und durch den Türspalt sah Karl, wie es im Zimmer langsam immer dunkler wurde. Er rutschte unruhig hin und her und spielte nervös mit den Schnürsenkeln. Bald würde es dunkel sein, dann wäre es zu spät. Warum kam Paula nicht und gab ihm die Laterne? Hatte sie ihn am Ende vergessen? Nein, es musste irgendetwas dazwischengekommen sein.

Karl wühlte sich aus dem Schuhhaufen heraus, stampfte ärgerlich mit dem Fuß auf und arbeitete sich zur Schranktür vor. Er musste etwas unternehmen.

Er stemmte sich mit aller Kraft gegen die schwere Tür, bis sie sich so weit öffnete, dass er hinausschlüpfen konnte. Ängstlich schaute er sich im Zimmer um. Vor dem Fenster stand Paulas Schreibtisch, auf dem unordentlich verstreut einige Hefte und Stifte lagen, daneben ein Sessel mit Blumenmuster, dann das Bett und das Nachttischchen.

Karl schob sich seine Mütze aus der Stirn und kratzte sich nachdenklich am Kopf.

«Da drin muss meine Laterne sein», murmelte er vor sich hin. «Paula hat gesagt, dass sie sie in der Schublade versteckt hat.»

Karl blickte an dem Nachttischchen hoch. Der Schubladengriff erschien ihm unerreichbar.

«Schließlich bin ich nicht größer als eine Parfümflasche», schimpfte er leise.

Im Zimmer wurde es immer dunkler. Bald würde die Sonne untergehen. Was sollte er tun?

Karl Zwerglein überlegte fieberhaft – und plötzlich hatte er eine Idee. Ja! So musste es klappen!

Schnell rannte er zum Schrank zurück, schnappte sich zwei Schnürsenkel, band sie zusammen und knüpfte an einem Ende eine Schlinge.

Er stellte sich vor das Nachtschränkchen und wirbelte den Schnürsenkel, aus dem ein Lasso geworden war, über dem Kopf. Früher, als sich die Zwerglein noch bewegen konnten, hatte Karl mit seinen Freunden immer am liebsten Cowboy und Indianer gespielt. Das waren noch Zeiten gewesen! Und Karl, er erinnerte sich mit Stolz daran, war der unumstrittene König im Lassowerfen gewesen. Jetzt würde sich zeigen, was er noch konnte.

Er zielte sehr genau und wirbelte das Lasso immer schneller. Und los! Der erste Wurf ging daneben. Der zweite auch.

«Nun, ich bin etwas aus der Übung», entschuldigte sich Karl vor den nicht anwesenden Zuschauern.

Das Zimmer lag jetzt im Dämmerlicht. Wenn er nicht sehr bald treffen würde, dann würden Tante Margret und Paula ihn hier versteinert auf dem Teppichboden finden, mit einem Schnürsenkel in der Hand. Was für eine Schande, was für eine peinliche Situation! Karl errötete schon bei der Vorstellung. Nein, das durfte nicht geschehen. Denn letztlich stand nicht nur sein Schicksal, sondern auch das der alten Eiche auf dem Spiel.

Das Lasso sauste durch die Luft und wickelte sich um den Griff der Schublade. Getroffen!

In aller Eile begann Karl an dem Schnürsenkel hinaufzuklettern. Er ächzte und stöhnte dabei, denn er war in den letzten Jahren etwas dick geworden.

«Das liegt an der mangelnden Bewegung», sagte er sich. Mit beiden Händen griff er nach der Tischkante und zog sich hoch.

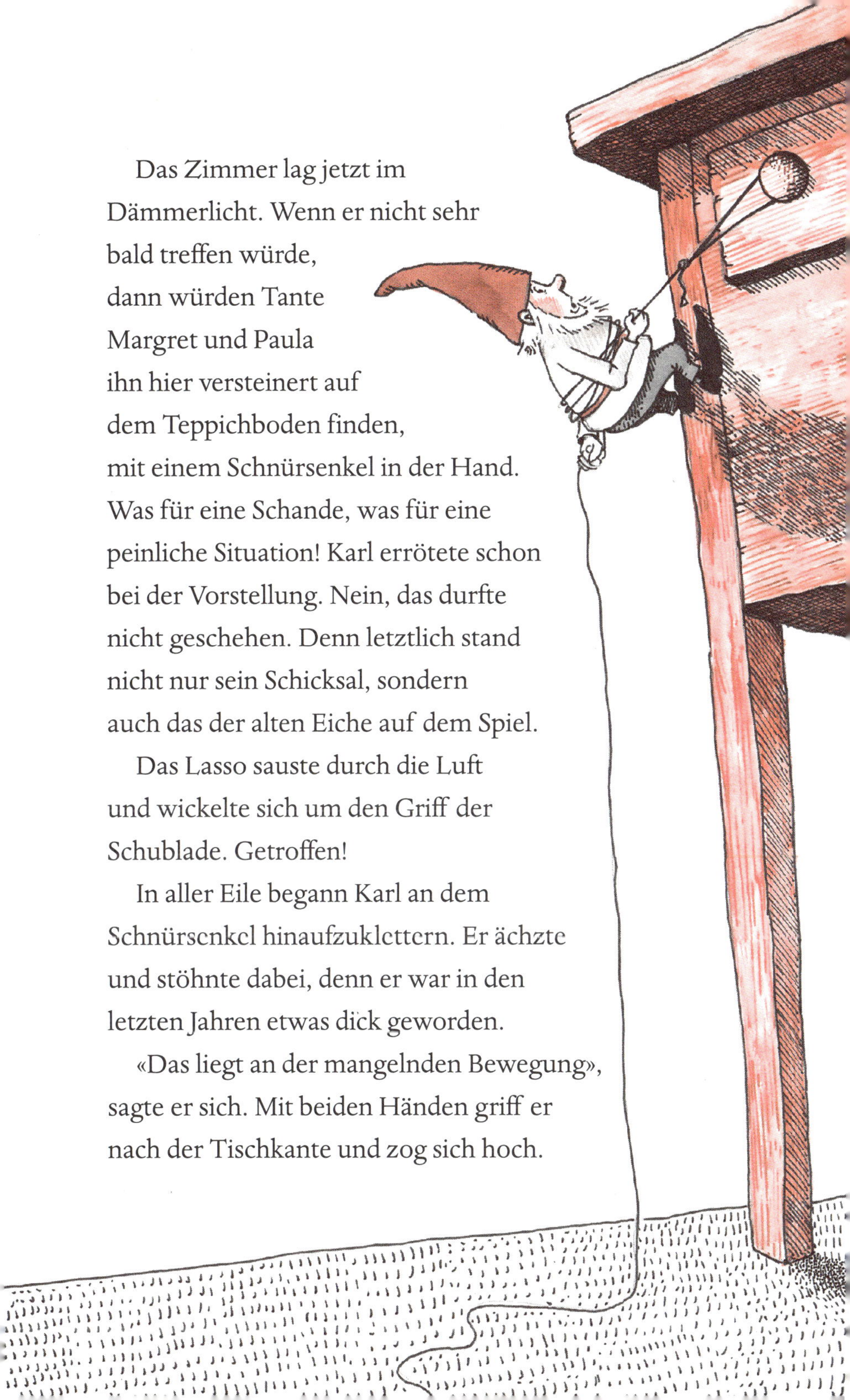

Einen Moment lang strampelte er mit den Beinen über dem Abgrund, aber dann hatte er es geschafft. Schnell öffnete er von oben die Schublade, steckte seinen Arm bis zur Schulter hinein und tastete nach der Laterne.

Was er allerdings zunächst fand, war ein angekauter Kaugummi. Es kostete ihn wertvolle Minuten, ehe er das klebrige Zeug von seinen Fingern entfernt hatte. Wieder griff er in die Schublade. Die Sonne würde gleich untergehen! Ein Bleistiftspitzer, ein kleines Auto, eine geschmacklose Brosche – ärgerlich warf Karl das ganze Zeug auf den Boden.

In dem Moment, als die Sonne hinter dem Horizont verschwand und es finster wurde, schlossen sich Karls Finger um einen kleinen eckigen Gegenstand. Er hatte seine Laterne gefunden!

Karl wischte sich erleichtert den Schweiß von der Stirn und ruhte ein paar Minuten aus. Aber schon stand er vor dem nächsten Problem. Wie sollte er nun von diesem Nachttisch wieder herunterkommen? Auf keinen Fall durfte er die Laterne jetzt wieder aus der Hand geben. Aber mit einer Hand zu klettern, das war völlig ausgeschlossen.

«Ich kann doch nicht einfach auf dem Nachttisch

stehen bleiben», überlegte Karl. «Da sieht mich doch jeder. Und wenn Tante Margret mit Paula zusammen reinkommt, dann war alles umsonst.»

Während er noch überlegte, fiel unten die Haustür krachend ins Schloss, und eine laute Stimme rief: «Paula, du gehst jetzt sofort ins Bett. Ich komme mit hoch und lege dir das Kleid raus, das du morgen anziehen sollst.»

«Was ist denn hier los?» Tante Margret warf einen fragenden Blick ins Zimmer und drehte sich zu Paula um. Auf dem Boden lagen wild verstreut Gegenstände herum – ein Bleistiftspitzer, ein kleines Auto und die Brosche, die Paula letzte Weihnachten von Tante Margret geschenkt bekommen hatte.

«Ich …» Paula stockte einen Moment. «Ich habe heute Morgen meinen Radiergummi gesucht. Und weil ich es so eilig hatte, habe ich wohl ein bisschen Unordnung gemacht.»

«Das kann man wohl sagen», sagte Tante Margret und ging in Richtung Kleiderschrank. Dann blieb sie wie angewurzelt stehen.

«Und was bitte ist das da?» Sie deutete mit ausgestrecktem Arm auf den Nachttisch. «Warum baumelt da ein Schnürsenkel an der Schublade?»

Jetzt war Paula wirklich sprachlos. Sie spürte, wie ihre Ohren rot wurden, und schaute betreten auf den Boden.

«Also wirklich, Paula, du hast manchmal eine merkwürdige Art, dir die Zeit zu vertreiben. Statt deine Hausaufgaben zu machen, beschäftigst du dich mit alten Schnürsenkeln. Ich glaube, ich werde mal mit deinen Eltern reden müssen. Sie kommen ja zum Glück bald nach Hause. So, und jetzt gehst du dir die Zähne putzen und dann sofort schlafen. Ich verlasse dieses Zimmer erst, wenn das Licht aus ist.»

Wenig später lag Paula im Bett und lauschte Tante Margrets Schritten auf der Treppe. Sobald sie vor dem Fernseher saß, würde Paula im Schrank nach Karl Zwerglein sehen. Irgendetwas musste passiert sein. Aber wenn Karl die Laterne aus dem Nachttisch genommen hatte, wo war er dann jetzt? War er vielleicht schon zur alten Eiche in den Garten gegangen? Oder hatte er sich hier irgendwo im Zimmer versteckt?

Paula drückte ihren Kopf tief ins Kissen und wartete gespannt.

«Ist sie weg?», fragte eine Stimme direkt neben ihrem Ohr, und Paula wäre vor Schreck fast aus dem Bett gefallen. Unter dem Kopfkissen bewegte sich etwas.

«Ich hätte fast keine Luft mehr bekommen», sagte Karl Zwerglein ärgerlich, kroch unter dem Kissen hervor und setzte sich schwer atmend neben Paula auf die Bettdecke.

«Karl, deine Laterne! Was ist passiert? Warum hast du dich unter meinem Kopfkissen versteckt?» Paula blickte verständnislos auf den keuchenden Zwerg.

«Ich habe mich unter deinem Kopfkissen versteckt, weil ich nicht mehr von diesem verflixten Nachttisch heruntergekommen bin. Also bin ich aufs Bett gesprungen, als ich euch kommen hörte, und habe mich hier verkrochen.»

Karl erzählte ausführlich, wie er an seine Laterne gekommen war, und genoss Paulas Bewunderung.

«Karl», flüsterte sie, «du bist ja ein Held!»

«Ja», antwortete Karl, «ja, ich denke, das kann man ohne Übertreibung sagen.» Dann streckte er sich neben Paula aus. «Weck mich, sobald Tante Margret eingeschlafen ist. Dann können wir loslegen», sagte er und schloss die Augen. «Ja, ich bin wirklich ein Held», dachte er noch und schlief auf der Stelle ein.

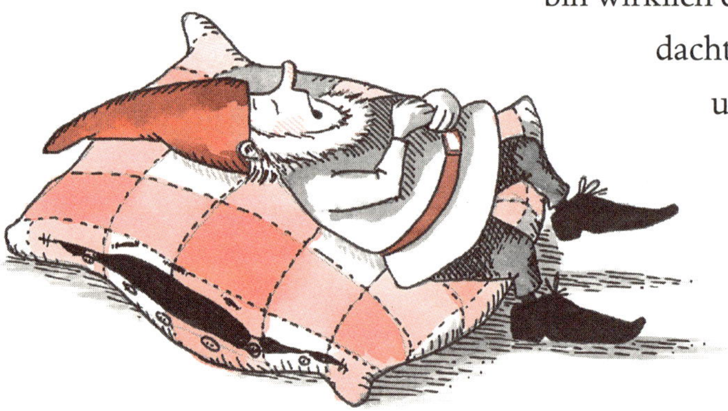

Wie weckt man einen Zwerg? Paula sah sich vor ein ungewöhnliches Problem gestellt. Sie hatte alles versucht: Sie hatte Karl erst leise, dann lauter ins Ohr geflüstert, hatte ihn an der Schulter gerüttelt und ihm schließlich in den Arm gezwickt. Aber Karl schlief weiter. Und er schnarchte dabei so laut, dass Paula befürchtete, Tante Margret könnte zwei Zimmer weiter davon aufwachen.

Endlich, als sich Paula nicht mehr zu helfen wusste, hielt sie Karl Zwerglein kurzerhand die Nase zu. Er hörte sofort auf zu schnarchen, lief rot an und fuhr mit einem Schrei hoch.

«Hilfe!», kreischte er. «Hilfe, man will mich ermorden!»

Erschrocken presste Paula ihm die Hand auf den Mund und flüsterte: «Sei still, Karl, du weckst ja das ganze Haus!»

Allmählich beruhigte sich der Zwerg.

«Meine Güte, hast du mich erschreckt. Konntest du mich nicht etwas sanfter wecken?» Er sah Paula vorwurfsvoll an.

«Das habe ich ja versucht. Nun stell dich nicht so an. Wenn du nicht sofort aufhörst zu meckern, dann nehme ich dir deine Laterne weg, und du wirst wieder reglos sein wie ein Stein.»

Das saß. Karl überlegte einen Moment lang, ob er beleidigt sein sollte, entschied sich dann aber dagegen. Im Grunde war er froh, dass Paula so viele Mühen auf sich nahm, um ihm zu helfen. Er nahm sich fest vor, sie nicht mehr anzumeckern, und sagte so freundlich wie möglich: «Wir müssen jetzt leise in den Garten rausschleichen. Bist du auch sicher, dass Tante Margret fest schläft?»

Paula schwang sich aus dem Bett und zog sich einen dicken Pullover über ihr Nachthemd.

«Ich denke schon», sagte sie, «es sei denn, du hast sie mit deinem Schnarchen geweckt.»

«Zwerge schnarchen nicht», sagte Karl gekränkt, und Paula schluckte die boshafte Bemerkung, die ihr auf den Lippen lag, hinunter.

Gemeinsam schlichen Karl und Paula aus dem Zimmer zur Treppe.

«Halt!», flüsterte Karl.

«Was ist denn nun schon wieder?»

«Bin ich eine lange Bohnenstange wie du? Die Stufen sind zu hoch für mich, du musst mich runtertragen.»

Seufzend nahm Paula das Zwerglein auf den Arm, ging leise die Treppe hinunter, dann durchs Wohnzimmer und von dort aus auf die Terrasse. Sie setzte Karl ab und schaute erwartungsvoll auf ihn hinunter.

«So, und was jetzt?»

Statt eine Antwort zu geben, marschierte Karl geradewegs in den Garten, seine kleine Laterne vor sich hertragend. Paula blieb nichts anderes übrig, als ihm nachzugehen. Vor der alten Eiche machten sie Halt.

«Bleib hier stehen und rühr dich nicht vom Fleck», befahl Karl Zwerglein. «Du bist der einzige Mensch, der je bei einem Zwergenzauber dabei sein durfte.»

Dann schritt Karl, den Kopf stolz erhoben, um die Eiche herum, wobei er unverständliche Sätze vor sich hin murmelte. Er steigerte sein Tempo nach jeder Runde, bis er schließlich so schnell wie ein Wirbelwind um den Baum herumsauste. Die Laterne tanzte in seiner Hand

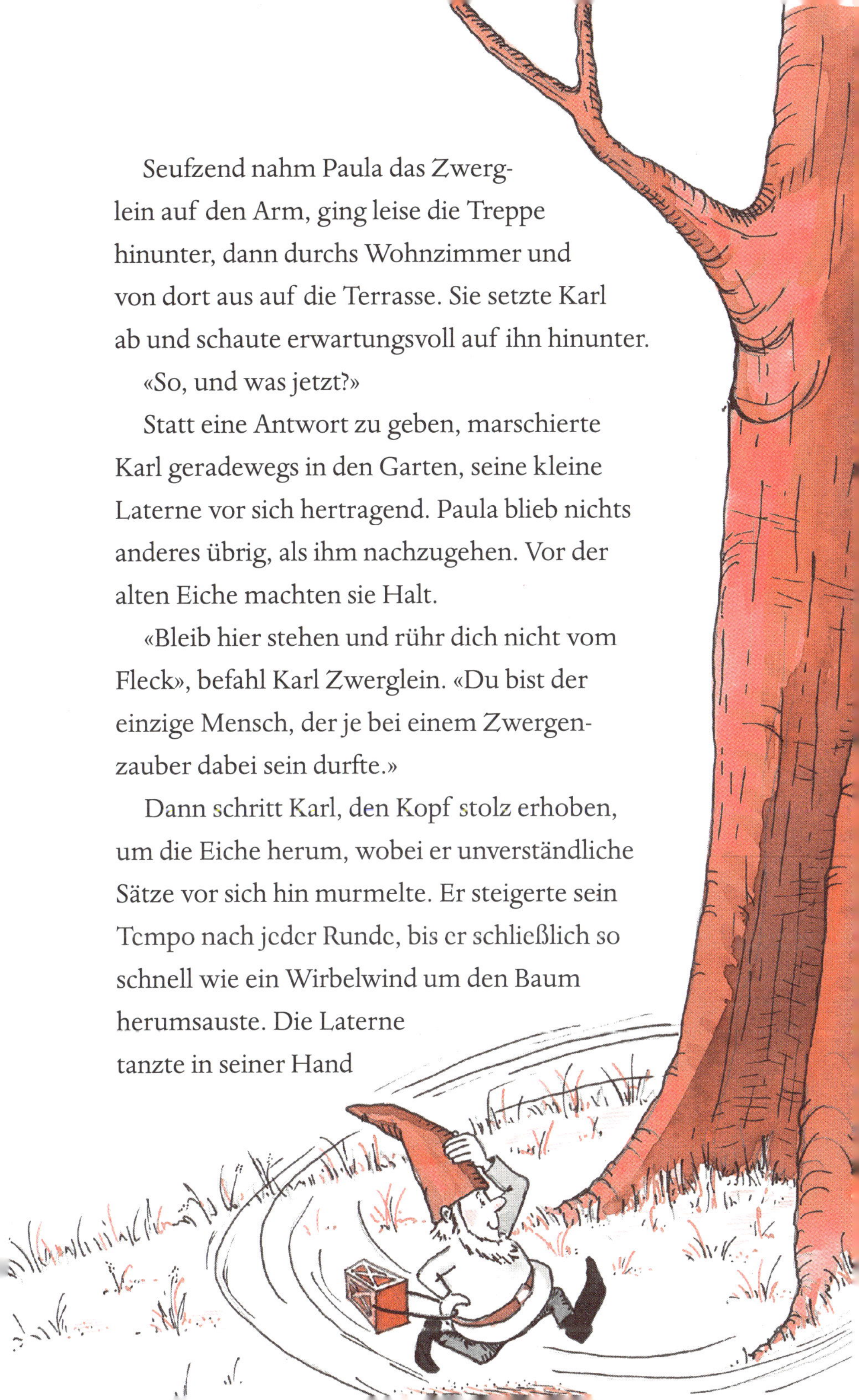

und warf gespenstische Lichtflecken ins Gras. Plötzlich blieb Karl stehen, drehte sich um und kam zu Paula zurück.

«So, das war's.»

Paula war ein bisschen enttäuscht.

«Was, das war schon alles?» Sie hatte wirklich mehr vom großen Zwergenzauber erwartet. Blitz und Donner vielleicht, irgendeinen Hokuspokus oder wenigstens ein paar weiße Mäuse.

Aber Karl ließ sich nicht aus der Fassung bringen. «Wir Zwerglein», sagte er würdevoll, «zaubern leise, aber dafür umso wirkungsvoller. Du wirst schon sehen, was passiert, wenn morgen der Gärtner mit seiner Motorsäge kommt.»

Paula war noch nicht überzeugt, aber sie wollte Karl auch nicht weiter mit Fragen löchern. Wenn sie morgen aus der Schule kam, würde sie von ihrem Fenster aus beobachten können, ob der Zauber auch wirklich funktionierte.

Oje, die Schule! Das hatte sie ja ganz vergessen! Ihren Aufsatz hatte sie immer noch nicht geschrieben. Paula machte ein trauriges Gesicht und trottete zum Haus zurück.

Karl blickte prüfend zu ihr hoch.

«Was ist denn los mit dir, Paula?», fragte er und zupfte sie am Nachthemd.

«Ach, gerade ist mir eingefallen, dass ich für morgen einen Aufsatz schreiben sollte. Irgendeine Geschichte über etwas, das ich selbst erlebt habe. Aber ich habe noch nicht eine Zeile zu Papier gebracht.»

Karl runzelte die Stirn. Es tat ihm Leid, Paula unglücklich zu sehen. Sie hatte so viel für ihn getan, hatte ihn vor dem Gärtner und vor Tante Margret gerettet, jetzt wollte er endlich auch einmal etwas für sie tun.

Als die beiden wieder in Paulas Zimmer waren, marschierte Karl geradewegs auf den Schreibtisch am Fenster zu.

«So», sagte er, «setz dich hin und hol dein Aufsatzheft raus.»

Paula gehorchte, war sich aber nicht ganz sicher, was das nun wieder werden sollte.

«Jeder Mensch hat unzählige Geschichten in seinem Kopf», sagte Karl leise. «Bloß wissen das die meisten nicht. Sie haben an so viele andere Dinge zu denken, dass sie vor lauter alltäglichen Sorgen ihre Phantasie vergessen. Bei Erwachsenen ist das besonders schlimm. Aber zum Glück gibt es noch Kinder wie dich, die an den Zauber glauben. Paula, du kannst die Geschichte finden, wenn du ganz fest daran glaubst.»

«Ich weiß nicht, ob ich das kann.» Unsicher schaute Paula zu Karl hinunter.

«Aber ich weiß, dass du es kannst. Schau mich an. Lange Zeit habe ich im Garten gestanden und konnte mich nicht bewegen – bis du kamst. Nur weil du

an mich glaubst, bin ich aus meiner Starre aufgewacht. Du kannst zaubern, Paula, wenn du nur willst.»

Paula schaute eine Weile ratlos auf ihr Heft. Aber dann merkte sie, wie ihre Gedanken zu wandern begannen. Ihr Blick kehrte sich nach innen, sie vergaß alles um sich herum und suchte in ihrem Kopf, in der verzauberten Welt der Phantasie, nach einer Geschichte. Wie von selbst fing ihre Hand an zu schreiben. Sie schrieb und schrieb.

«Na siehst du», sagte Karl zufrieden, als Paula nach einer halben Stunde den Stift beiseite legte. «Du bist eben doch eine Zauberin.»

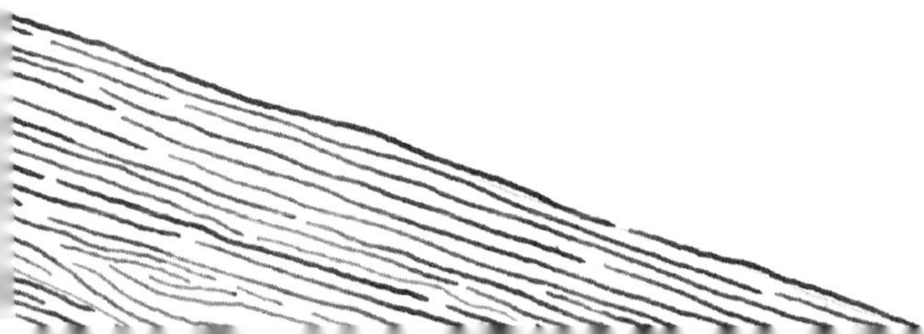

Nun, wir sind alle sehr gespannt, was du geschrieben hast, Paula.»

Ein Kichern ging durch den Klassenraum. Niemand, nicht einmal die Lehrerin, rechnete damit, dass die Neue diesmal ihre Hausaufgabe gemacht hatte.

Zögernd nahm Paula ihr Heft aus der Tasche. Sie war selber neugierig, was sie geschrieben hatte. «Du bist eine Zauberin», hatte Karl gesagt, aber jetzt war sich Paula da nicht mehr so sicher.

Sie holte tief Luft und begann langsam und laut zu lesen:

«Karl Zwerglein – Eine Geschichte für Zauberinnen und Zauberer.»

Während Paula las, wurde es immer leiser im Klassenraum. Das Kichern verstummte, und die Kinder lauschten andächtig der Geschichte von Karl, der lange Zeit einsam im Garten gestanden hatte, bis ihn endlich ein kleines Mädchen entdeckte, das ihn lieb hatte und zum Leben erweckte. Man hätte eine Stecknadel fallen hören können, so gespannt war die Klasse.

«Und immer noch stehen viele Zwerglein in Gartenhäuschen, auf Dachböden oder versteckt zwischen Gras und Büschen», las Paula. «Und dort warten sie darauf, dass ein kleiner Junge oder ein kleines Mädchen kommt und sie lieb hat.»

Paula klappte das Heft zu und wartete gespannt.

«Das war wirklich eine lustige Geschichte», sagte die Lehrerin. «Ein Gartenzwerg, der spricht und sich bewegt – das hast du dir schön ausgedacht. Du hast viel Phantasie, Paula. Dafür bekommst du eine gute Note.»

In diesem Moment klingelte es und Paula packte ihre Sachen zusammen. Aber irgendwie war sie nicht so froh, wie sie eigentlich hätte sein sollen. Was hatte die Lehrerin gesagt? «Das hast du dir schön ausgedacht.» Paula schüttelte den Kopf. Aus dieser Frau würde sicher nie eine gute Zauberin werden.

Paula bemerkte nicht, dass an diesem Tag die Kinder ihrer Klasse viel ruhiger und nachdenklicher auf den Pausenhof gingen. Und sie konnte nicht ahnen, dass sich viele von ihnen nach der Schule auf die Suche machen würden – auf die Suche nach den vielen vergessenen Zwergen.

«Das geht doch nicht mit rechten Dingen zu!» Wutschnaubend kam der Gärtner aus der Tür gestürmt und rannte dabei Paula, die gerade klingeln wollte, beinahe über den Haufen.

«In all den Jahren ist mir so was noch nicht passiert!»

Erstaunt schaute Paula erst auf den schimpfenden Gärtner, dann auf Tante Margret, auf deren Stirn sich die berüchtigte Zornesfalte abzeichnete.

«Ist es etwa meine Schuld, dass Sie nicht in der Lage sind, einen Baum zu fällen? Ich erwarte von Ihnen, dass Sie Ihre Arbeit ordentlich machen!», kreischte sie aufgebracht und fuchtelte mit den Armen in der Luft herum.

Paula ging in Deckung, drückte sich an ihr vorbei durch die Tür und rannte hoch in ihr Zimmer. Ihr erster Blick ging zum Fenster hinaus in den Garten. Tatsächlich! Die alte Eiche stand unversehrt an ihrem Platz. Erst dann bemerkte Paula die kleine Gestalt, die auf dem Fensterbrett stand. Karl Zwerglein drehte sich zu ihr um und grinste breit wie ein Honigkuchenpferd.

«Schade», sagte er und sprang vom Fensterbrett

auf den Schreibtisch, von dort aus auf den Stuhl und dann auf den Boden. «Du hast das Beste verpasst.»

«Ich bin dem Gärtner vor dem Haus begegnet», sagte Paula. «Was ist denn passiert? Hat dein Zauber gewirkt?»

«Und wie der gewirkt hat!» Karl Zwerglein hüpfte vor Freude im Kreis um Paula herum.

«Nun bleib doch mal stehen und erzähl mir alles. Du führst dich ja auf wie Rumpelstilzchen», rief Paula, der es schon ganz schwindelig wurde.

«Also …» Karl setzte sich auf den Fußboden, und Paula hockte sich neben ihn. «Ich saß mal wieder im Schrank zwischen den Schuhen, hielt mir die Nase zu und wartete, dass du aus der Schule kommen würdest. Da hörte ich auf einmal ein lautes Getöse aus dem Garten. Die Motorsäge! Der Gärtner war schon da! Ich wollte mir das Schauspiel natürlich nicht entgehen lassen, wühlte mich aus dem Schrank heraus und kletterte auf die Fensterbank.

Von dort aus sah ich, wie der Gärtner, grimmig entschlossen, mit seiner Säge auf die Eiche zumarschierte. Ehrlich gesagt, ich war schon etwas besorgt. Hatte ich vielleicht den falschen Zauber ausgewählt? Aber gerade als der Gärtner seine Säge am

Stamm ansetzen wollte, fing sie an zu keuchen, gurgelte noch zweimal kurz, und dann war alles still. Meine Güte, hat der Mann geflucht! Noch mindestens zehnmal hat er seine Säge wieder angemacht, und immer wieder ist sie ihm ausgegangen. Schließlich ist er, feuerrot und wutschnaubend, abgezogen.»

Karl hielt sich den Bauch, und seine Nase war vor Lachen so rot wie seine Zipfelmütze geworden. Dann wurde er allmählich ernst und fragte: «Und, wie ist es dir in der Schule ergangen, Paula? Hat dein Zauber auch gewirkt?»

Paula nickte. «Ja. Ich werde sogar eine gute Note bekommen. Aber weißt du, irgendwie habe ich das Gefühl, dass die Lehrerin meine Geschichte gar nicht richtig verstanden hat.»

Karl wiegte bedächtig den Kopf hin und her. «Ja, das kann wohl sein. Aber weißt du, vielleicht gibt es in deiner Klasse ein paar Kinder, die die Geschichte verstanden haben. Und das ist die Hauptsache. Kinder sind immer die Hauptsache – und erst recht dann, wenn es ums Zaubern geht.»

«Meinst du?» Paula sah Karl nachdenklich an.

In diesem Moment hörten sie einen ohrenbetäubenden Lärm. Karl sträubten sich die Haare unter der Mütze, und er flitzte wie von einer Tarantel gestochen zurück in den Kleiderschrank.

Tante Margret hatte die Haustür mit einem lauten Krach zugeschlagen und kam jetzt wütend stampfend die Treppe herauf. Es klang, als würde eine Herde Elefanten zu Besuch kommen. Paula öffnete ihre Zimmertür einen Spaltbreit und spähte in den Flur hinaus.

«So ein Nichtsnutz von einem Gärtner!», meckerte Tante Margret und rauschte an Paula vorbei, ohne sie zu bemerken.

Eine Minute später kam sie wieder zurück, und Paula hätte beinahe laut losgekichert, als sie sah, was die Tante sich unter den Arm geklemmt hatte: «Würzigen Wurzelduft»! Die Tüte mit dem Parfüm.

Tante Margret war so sehr mit ihrem Ärger auf den Gärtner beschäftigt, dass sie gar nicht auf die Idee kam, in die Tüte zu schauen. Und sie bemerkte auch nicht, dass Paula leise aus ihrem Zimmer schlüpfte und hinter ihr herschlich.

Vor dem Haus stand schon das große Auto von der Müllabfuhr, und zwei Männer waren dabei, Abfalltonnen hin- und herzuschleppen. Aus dem Küchenfenster sah Paula, wie Tante Margret schnurstracks auf den Müllwagen zumarschierte.

Die Männer sahen sie erstaunt an, wie sie mit wehenden Haaren, einer Tüte unter dem Arm und entschlossener Miene heranschritt.

«Dieses Ding hier werde ich höchstpersönlich in den Müll schmeißen!», rief sie dramatisch, holte weit aus, zielte und schmetterte die Tüte in den schwarzen Schlund des Müllwagens.

Die Männer warfen sich belustigte Blicke zu. «Die ist wohl nicht ganz dicht», schienen sie einander sagen zu wollen.

«Und Sie, Sie brauchen gar nicht so dämlich zu gucken!», herrschte Tante Margret die beiden an.

Sie war wirklich sehr schlecht gelaunt. Erst dieser unfähige Gärtner und dann auch noch zwei unverschämte Müllmänner. Tante Margret reckte ihre spitze Nase in die Luft und warf noch einen gereizten Blick in die Runde. Aus dem ratternden Müllwagen ertönte ein lautes Krachen und Splittern.

Tante Margret lächelte zufrieden. «Den Zwerg sind wir jedenfalls los», sagte sie erleichtert, ging zum Haus zurück und ließ zwei sehr verwunderte Müllmänner auf der Straße stehen.

Den ganzen Nachmittag verbrachten Paula und Karl im Kinderzimmer. Paula hatte im Supermarkt roten und grünen Lack gekauft und Karls Mäntelchen und Mützchen neu angemalt. Wie schön er jetzt wieder aussah! Karl drehte und wendete sich vor dem Spiegel, zupfte begeistert an seinen Kleidern, rückte hier etwas zurecht, strich dort eine Falte glatt und konnte sich gar nicht satt sehen an seinem Anblick.

Paula beobachtete ihn vergnügt. Was für ein eitler Zwerg! «Du führst dich auf wie Tante Margret, bevor sie ins Theater geht», kicherte sie. «Die steht auch immer zwei Stunden lang vorm Spiegel, probiert sämtliche Kleider an und kommt dann schließlich zu spät zur Vorstellung.»

Karl drehte sich um und schaute Paula an. Sein Gesicht war auf einmal traurig geworden, und in seinen großen Kulleraugen glänzten Tränen.

«Karl, was hast du denn? Was ist denn plötzlich los mit dir?»

Paula sprang vom Bett und nahm Karl fest in die Arme. Er vergrub seine kleine Stupsnase in ihren Haaren und schluchzte laut und herzzerreißend.

Paula strich ihm sanft mit der Hand über den Rücken und wartete, bis er sich etwas beruhigt hatte. «Nicht weinen, kleines Zwerglein», flüsterte sie. «Wein doch nicht, es ist doch alles gut.»

«Gar nichts ist gut», schniefte Karl und wischte sich die Nase an Paulas Kleid ab. «Was soll denn nun aus mir werden? Ich bin das einzige Zwerglein auf der ganzen Welt, das sich bewegen kann. Ich muss mich mein Leben lang vor Tante Margret verstecken, ich habe keine Spielkameraden, ich kann nicht, wie es sich für Zwerge gehört, an einem schönen Platz im Garten stehen, sondern werde in einem Kleiderschank zwischen alten Schuhen mein Dasein fristen.»

Wieder kullerten Tränen über Karls rote Backen.

Paula angelte sich ein Taschentuch aus dem Schrank und wischte ihm damit übers Gesicht.

«Aber Karl», sagte sie. «Du wirst dich nicht dein ganzes Leben im Schrank verstecken müssen. Bald ist doch Samstag.»

«Na und?» Karl konnte nicht verstehen, was ein Samstag mit seinem schweren Schicksal zu tun hatte.

«Am Samstag kommen meine Eltern von ihrer

Reise zurück», fuhr Paula fort. «Sie werden sicher nichts gegen einen kleinen Gartenzwerg haben. Außerdem haben sie mir versprochen, dass ich eine Ecke des Gartens ganz für mich alleine bekomme – und dort wirst du dann stehen können, ganz so, wie es sich für ein echtes Zwerglein gehört.»

Karl dachte kurz nach und sagte dann leise: «Vielleicht unter der alten Eiche?»

«Ja, vielleicht», sagte Paula.

Aber dann kamen Karl doch wieder Bedenken. «Aber was ist mit Tante Margret? Sie kann mich nicht leiden. Und wie willst du ihr erklären, dass ich überhaupt noch da bin? Wenn sie erfährt, dass sie den ‹Wurzigen Würzelduft› in den Müll geschmissen hat ...»

«Würziger Wurzelduft», unterbrach ihn Paula.

«Wie auch immer. Wenn sie jedenfalls erfährt, dass sie nichts ahnend ihr Parfüm weggeschmissen hat, dann wird sie mir auf der Stelle den Hals umdrehen.»

Karl fing bei dieser Vorstellung am ganzen Körper an zu zittern, und die Laterne tanzte in seiner Hand wie ein Irrlicht.

«Gar nichts wird Tante Margret tun», beruhigte

ihn Paula. «Sie reist nämlich ab, sobald meine Eltern zurück sind. Sie wird nie erfahren, was geschehen ist.»

Sie setzte Karl auf den Boden zurück. Dort stand er nun, ein Häufchen Elend, zitternd und schluchzend. Zu allem Überfluss hatte er nun auch noch Schluckauf bekommen.

Und dann geschah das Entsetzliche. Die Tür wurde mit einem Ruck aufgestoßen. Tante Margret!

Karl stand mitten im Zimmer, er zitterte wie Espenlaub, seine Augen waren weit aufgerissen, und vor Schreck wurde der Schluckauf noch viel lauter. «Hiiicks, hicks», machte Karl in kurzen Abständen und klang wie ein erschrockenes Meerschweinchen. Jetzt war alles aus.

Tante Margret ließ ihren Blick durchs Zimmer schweifen. Dann kam sie herein und trat dabei fast auf Karl, der einen erschrockenen Sprung zur Seite machte. Er stand jetzt direkt vor ihr. Tante Margret schien ihn überhaupt nicht zu bemerken.

«Hicks», machte Karl, aber die Tante nahm keinerlei Notiz von ihm. Sie schaute zwar genau in seine Richtung, aber ihr Blick schien durch ihn hindurchzugehen.

«Paula, ich wollte dich bitten, mir gleich ein wenig in der Küche zu helfen. Ich möchte für morgen, wenn deine Eltern kommen, ein richtiges Festmahl vorbereiten.»

Paula stand wie versteinert da und brachte keinen Ton heraus. Tante Margret bückte sich und griff nach dem Taschentuch, das vor ihren Füßen lag. Fast stieß sie dabei mit ihrer Nasenspitze an Karl, der immer noch mit seinem Schluckauf kämpfte.

«Du solltest deine Sachen wirklich nicht so herumliegen lassen», sagte Tante Margret und verließ das Zimmer.

Völlig verstört sahen Karl und Paula einander an.

«Was war denn das?» Paula war die Erste, die ihre Stimme wieder fand.

«Hiicks», machte Karl.

«Sie hat dich nicht gesehen, und sie hat dich nicht gehört.» Paula schüttelte fassungslos den Kopf.

Karls Schluckauf hörte endlich wieder auf. Seine Beine waren ihm vor Angst ganz weich geworden, und er ließ sich völlig entkräftet auf den Boden plumpsen. Er kratzte sich am Kopf, so wie er es immer tat, wenn er ratlos war und überlegen musste.

«Ich habe da so eine Ahnung», sagte er schließlich. «Weißt du, vor langer Zeit, als sich noch alle Zwerge bewegen konnten und wir mit den Kindern im Garten herumtollten, da kam es mir schon manchmal komisch vor.»

«Was kam dir komisch vor?» Paula nahm Karl hoch und setzte ihn auf ihren Schoß.

«Es war so, dass die Erwachsenen, wenn sie zu uns in den Garten kamen, immer nur mit den Kindern sprachen, aber nie mit uns. Einige von uns waren deshalb sehr beleidigt. Sie meckerten laut und zogen die Erwachsenen an den Hosenbeinen. Aber nie hat ein einziger von ihnen reagiert. Es war wie bei Tante Margret: als würden sie uns überhaupt nicht sehen.»

Paula schwieg, und Karl grübelte eine Weile vor sich hin. «Einmal war es sogar so», fuhr er schließlich fort, «dass ein kleiner Junge zu seinem Vater gesagt hat: ‹Schau mal, dahinten läuft Günther Zwerglein, der mit der Schubkarre!›

Ich stand zufällig ganz in der Nähe und konnte hören, was der Vater antwortete. Er sagte: ‹Aber was redest du denn da! Der Gartenzwerg steht doch da, neben dem Gartenhäuschen, da wo er hingehört. Du hast wohl ein bisschen zu viel Phantasie, mein Junge.› Damals habe ich das nicht verstanden, aber langsam komm ich dahinter, was das zu bedeuten hatte.»

Paula machte große Augen. «Was denn?», flüsterte sie. Sie war ganz blass geworden.

«Es sind die Kinder, die uns lieben», sagte Karl ernst. «Und weil sie uns lieben und an den Zauber glauben, können sie uns sehen, wenn wir uns bewegen, und sie können uns hören, wenn wir reden oder Schluckauf haben. Erwachsene sehen aber nur das, woran sie glauben. Sie glauben, dass wir starr im Garten stehen, und so sehen sie uns auch.»

«Aber warum hat Tante Margret dich dann neulich im Garten entdeckt und in die Tüte gesteckt?», fragte Paula atemlos.

«Ich war vor Schreck wie erstarrt», sagte Karl, «und weil sie mich dort erwartet hat, hat sie mich auch gesehen. Sie konnte sich vorstellen, dass ich dort stehe, und sie hat daran geglaubt. Erwachsene sehen nur das, was sie sehen wollen. So einfach ist das.»

Die beiden saßen noch eine Weile schweigend beieinander. Dann ging Paula in die Küche hinunter, um Tante Margret zu helfen.

Karl machte es sich in Paulas Bett bequem. Er brauchte sich nun ja nicht mehr zu verstecken. In Ruhe dachte er noch einmal über alles nach. Er dachte an die alten Zeiten und an seine Freunde. Wo mochten sie jetzt sein? Wo war Günther mit der Schubkarre? Wo war Kuno mit der Pfeife? Wo war Heinz-Peter, der in einem Sommer in den Gartenteich gefallen und von einem kleinen Jungen heldenhaft gerettet worden war?

«Ob ich euch jemals wieder sehen werde? Ob es jemals wieder so schön wird, wie es mal war?», fragte sich Karl.

Er starrte an die Zimmerdecke. Und in diesem Moment fühlte er sich sehr, sehr einsam.

Paula trug ihr bestes Kleid, sie hatte sich Zöpfe geflochten, und im ganzen Haus duftete es nach dem Gänsebraten, den Tante Margret zur Feier des Tages zubereitet hatte. Paula stand am Küchenfenster und wartete auf ihre Eltern. Tante Margret kam gerade die Treppe herunter. Sie hatte sich noch etwas frisch gemacht.

«Ich verstehe nicht, wo mein Parfüm geblieben ist», sagte sie und kam zu Paula ans Fenster. «Hast du vielleicht meinen ‹Würzigen Wurzelduft› gesehen? Ich bin ganz sicher, dass ich ihn oben auf meinen Tisch gestellt hatte.»

Paula schüttelte den Kopf und spähte angestrengt hinaus. Da! Jetzt hielt ein Taxi vor der Tür.

«Sie kommen! Sie kommen!», rief Paula und stürzte zur Tür hinaus. «Mama, Papa, wie schön, dass ihr endlich da seid!»

Vor dem Gartentor fielen sie einander in die Arme, die Mutter drückte Paula fest, und der Vater wirbelte seine Tochter vor Freude durch die Luft.

«Na, meine Kleine», sagte er, «jetzt kannst du uns endlich das neue Haus zeigen.»

«Ja», rief Paula, «und den Garten!»

Sie betraten gemeinsam das neue Haus, die Eltern begrüßten Tante Margret und gingen dann von Zimmer zu Zimmer. Sie sahen sich alle Räume an, vom Keller bis zum Dachboden, bevor sie sich um den großen Esstisch setzten. Tante Margret brachte den Gänsebraten herein, und beim Essen erzählten Paulas Eltern von ihrer Reise nach Italien, von Rom und vom Schiefen Turm von Pisa.

Das Essen zog sich lange hin, und Paula wurde schon ganz ungeduldig. Sie wollte endlich mit den Eltern hinausgehen in den Garten.

Und dann war es Tante Margret, die irgendwann sagte: «So, und jetzt wollen wir in den Garten gehen. Dort habe ich eine kleine Überraschung für euch vorbereitet.»

Sie traten von der Terrasse aus auf den Rasen und standen schließlich alle vor dem Springbrunnen.

«Was ist denn das?» Tante Margret starrte entgeistert auf den Schwan, der, in tausend Stücke zerbrochen, im Gras lag. Paula trat verlegen von einem Fuß auf den anderen. Ihr Gesicht lief dunkelrot an, und sie war sicher, dass jeder bemerken musste, dass sie es war, die den Schwan kaputtgemacht hatte.

Ein paar Sekunden schwiegen alle, dann trat Paulas Mutter neben ihre Tochter und legte den Arm um sie.

«Na, na, Paula, du brauchst doch nicht so traurig zu sein», sagte sie, und Paula schluckte das Geständnis, das ihr bereits auf den Lippen gelegen hatte, schnell hinunter. Die Mutter raschelte hinter ihrem Rücken mit einer Tüte. «Weißt du, als wir in Italien waren, da habe ich überlegt, was wir dir von dort mitbringen könnten», sagte sie und lächelte. «Ich weiß doch, wie sehr du dich auf den Garten gefreut hast, und deshalb habe ich etwas gekauft, womit du deinen Teil des Gartens schmücken kannst.»

Es raschelte nochmal hinter ihrem Rücken, dann holte sie einen Gegenstand hervor und hielt ihn Paula hin.

Paula machte große Augen.

«Nun, sie ist vielleicht nicht so elegant wie ein Porzellanschwan, aber sie ist immerhin eine echte italienische Zwergendame. Und sie heißt Amanda.»

Paula betrachtete die Zwergendame und nahm sie vorsichtig in den Arm. Sie war wirklich wunderschön. Sie hatte lange, geschwungene Wimpern, und über ihren dunklen Haaren trug sie ein rotes Zipfelmützchen wie Karl. In der rechten Hand hielt sie einen Strauß bunter Wiesenblumen, die linke Hand hatte sie in einer Tasche ihres dunkelgrünen Kleidchens vergraben.

«Sie ist toll», flüsterte Paula. «Darf ich sie dort hinten unter die alte Eiche stellen?»

Paula sah, wie Tante Margret entrüstet Einspruch erheben wollte, aber Paulas Vater kam ihr zuvor und sagte: «Du kannst sie überall hinstellen, wo du möchtest.»

Während die anderen zum Haus zurückgingen, lief Paula hinüber zur Eiche und setzte Amanda vorsichtig ins Gras.

«Lieber etwas weiter rechts. Da scheint mir nachmittags die Sonne ins Gesicht», sagte in diesem Moment die Zwergendame, und Paula machte vor Schreck einen Sprung zur Seite.

Amanda lächelte süß und klimperte mit ihren langen Wimpern.

Paula war völlig überrascht, und weil ihr im Moment nichts Besseres einfiel, sagte sie: «Du sprichst aber gut Deutsch.»

Amanda zuckte nur mit den Schultern. Paula stellte die Zwergendame gehorsam etwas weiter nach rechts.

«Oben in meinem Zimmer», sagte Paula dann, «da ist noch ein anderer Zwerg, der sprechen kann. Er heißt Karl und ist mein bester Freund. Morgen bringe ich ihn hierher, ihr werdet euch sicher gut verstehen.»

«Pfff», machte Amanda und spitzte verächtlich die Lippen. «Ich mache mir nichts aus Männern.»

In diesem Moment rief Tante Margret nach ihr.

«Bis morgen», sagte Paula und lief rasch zum Haus zurück.

Eine Frau in meinem Garten!» Karl wurde abwechselnd rot und blass. «Und sie steht unter der alten Eiche!»

Er sah so aus, als würde er gleich ohnmächtig werden. Paula war ziemlich verärgert. Sie hatte gehofft, dass Karl sich freuen würde, endlich Gesellschaft zu haben. Stattdessen machte er so ein Theater.

«Aber sie ist wunderschön. Sie kommt aus Italien und heißt Amanda», versuchte Paula den wütenden Zwerg noch einmal zu beruhigen.

«Ist mir völlig egal, wie sie heißt», schnaubte Karl.

«Mit einer Frau hat man nichts als Ärger. Man kennt das doch.»

Jetzt wurde es Paula aber wirklich zu bunt. Sie richtete sich kerzengerade im Bett auf, es war schon nach zehn, und eigentlich sollte sie längst schlafen. Sie fauchte wütend: «Und ich? Ich bin schließlich auch eine Frau.»

«Das ist doch etwas ganz anderes», meckerte Karl wenig überzeugend.

Paula beschloss, eine andere Taktik anzuwenden. Sie setzte eine möglichst gleichgültige Miene auf, kuschelte sich zurück in die Kissen und sagte: «Ist ja auch egal. Amanda hat gesagt, dass sie sich nichts aus Männern macht. Sie kann dich bestimmt sowieso nicht leiden.»

Jetzt war es endgültig um Karls Fassung geschehen.

«Das ist doch die Höhe!», schimpfte er lauthals. «Was bildet die sich denn ein? Das werden wir ja noch sehen, wer hier wen nicht leiden kann!»

Paula grinste in die Kissen, drehte sich auf die andere Seite und ließ Karl mit seiner Empörung allein.

Früh am nächsten Morgen stand Paula mit ihren Eltern am Gartentor und winkte Tante Margret nach. Als das Taxi um die Ecke bog, ließ Paula die Hand sinken und atmete tief durch. Es war Sonntag, Tante Margret war endlich abgereist, und es gab noch viel zu tun. Zunächst wollte sie Karl aus ihrem Zimmer holen, ihn ihren Eltern zeigen und ihn dann hinaus in den Garten zu Amanda bringen.

Sie lief hinauf in ihr Zimmer, aber Karl lag weder im Bett, noch stand er auf dem Fensterbrett.

«Karl, wo bist du?», rief Paula.

Keine Antwort.

«Karl!»

Ein bekümmertes Seufzen ertönte aus dem Kleiderschrank. Paula öffnete die Schranktür. Karl saß hinten zwischen den Schuhen.

«Karl, was machst du denn da drin? Du brauchst dich doch nicht mehr zu verstecken. Na, komm schon raus. Ich will dich meinen Eltern zeigen und dann in den Garten bringen.»

Karl schwieg.

«Du wolltest doch immer unter der alten Eiche stehen. Warum stellst du dich denn jetzt so an?»

«Mein Platz unter der Eiche ist ja schon besetzt»,

sagte Karl und bemühte sich, seiner Stimme einen würdevollen Klang zu verleihen. «Da bleibe ich doch lieber hier im Schrank. Bis an mein Lebensende.»

Das sollte tragisch klingen, aber Paula hatte keine Lust, einen beleidigten Zwerg zu trösten.

«Du kommst jetzt mit», sagte sie, «ob du willst oder nicht.»

Sie griff nach Karl, der sich mit Händen und Füßen wehrte, klemmte ihn sich unter den Arm und stieg die Treppe hinunter. Karl zeterte und schimpfte, aber Paula störte sich nicht daran. Erst als sie das Wohnzimmer betrat, wo ihre Eltern saßen, hielt Karl endlich still.

«Seht mal, was ich hinten im Garten gefunden habe», sagte Paula und hielt den Zwerg in die Höhe. «Tante Margret wollte ihn wegschmeißen, aber ich habe ihn in meinem Schrank versteckt.»

Paulas Eltern kamen heran.

«Na, das ist ja ein lustiger kleiner Kerl», sagte ihr Vater und stupste Karl in den Bauch.

«Er hat genauso eine Zipfelmütze wie Amanda», sagte die Mutter und zupfte Karl an den Ohren. «Stell ihn doch einfach zu ihr unter die Eiche. Dann haben wir ein richtiges Zwergenpärchen.»

«Sag deinen Eltern, sie sollen gefälligst aufhören, an mir herumzutatschen», meckerte Karl, aber Paula überhörte ihn einfach.

«Er heißt übrigens Karl», sagte sie zu ihren Eltern. Dann öffnete sie die Terrassentür und ging in den Garten hinaus.

Es war ein wunderschöner Morgen, die Vögel zwitscherten in den Bäumen, und ein Zitronenfalter flatterte über den Rasen.

Karl schien von alledem nichts zu bemerken. Er quengelte immer noch ärgerlich vor sich hin, schaute beleidigt unter seiner Mütze hervor und schwatzte ständig etwas von «unzumutbarer Behandlung» und «wie gut, dass mich meine Freunde so nicht sehen können».

Plötzlich verstummte er. Er hatte Amanda entdeckt. Sie stand vor der Eiche, und die Sonne ließ ihr rotes Zipfelmützchen aufleuchten.

«Guten Morgen, Amanda! Das hier ist Karl, mein Freund, von dem ich dir gestern erzählt habe», rief Paula.

«Sei ja nett zu ihr, sie ist schließlich neu hier», flüsterte sie Karl noch drohend ins Ohr, dann stellte sie ihn neben das Zwergenfräulein.

«Guten Tag, Karl mein Name», sagte der Zwerg förmlich, und Paula sah, wie er bis über beide Ohren rot wurde.

«Hallo», sagte Amanda und klimperte mit den Wimpern. «Du hast aber eine wunderschöne Laterne.»

Karl schaute verlegen auf den Boden. «Wenn du möchtest, kann ich sie dir mal leihen.»

In diesem Moment hörte Paula hinter sich im Haus die Türklingel. Aufgeregte Stimmen ertönten, und gleich darauf kam die Mutter auf die Terrasse heraus und rief: «Paula, komm doch mal, du hast Besuch bekommen!»

Paula ließ die beiden Zwerge allein. Karl hatte sowieso nur noch Augen für Amanda und erklärte ihr gerade in allen Einzelheiten die wundersamen Eigenschaften seiner Laterne und mit welch heldenhaftem Mut er sie aus Paulas Nachttischschränkchen geholt hatte.

Im Hausflur warteten sechs Kinder aus Paulas Klasse.

«Hallo, Paula!», rief ein Junge, der Lars hieß. «Wir wollten dich besuchen kommen, und wir haben etwas mitgebracht.»

Freudestrahlend kramten die Kinder in ihren Taschen, und jedes von ihnen brachte einen kleinen Zwerg zum Vorschein.

Paulas Mutter lachte laut auf: «Wo habt ihr denn die ganzen Zwerge her? Da habt ihr wohl sämtliche Vorgärten der Nachbarschaft leer geräumt!»

Lars machte ein ernstes Gesicht und schüttelte den Kopf. «Nein», sagte er, «eben nicht. Das sind die

Gartenzwerge, die vergessen worden sind. Sie haben lange Zeit auf Dachböden und in Gartenhäuschen gestanden und sind dort sehr unglücklich gewesen. Paula hat uns gesagt, dass wir nach ihnen suchen sollen.»

Paulas Mutter lächelte und zeigte durch die Terrassentür hindurch auf die alte Eiche. «Dann geht ihr am besten gleich in den Garten», sagte sie. «Dort stehen nämlich noch zwei von der Sorte. Karl und Amanda heißen sie, und sie werden sich sicher freuen, Gesellschaft zu bekommen.»

Gespannt schauten die Kinder auf das Zwergenpärchen, das unter der alten Eiche stand. Ihre eigenen Zwerge hatten sie auf dem Rasen abgestellt und drängten sich nun neugierig um Karl und Amanda.

«Das ist also Karl», stellte ein kleines Mädchen fest und ging in die Knie, um den kleinen Zwerg besser betrachten zu können.

Karl war völlig eingeschüchtert. Er schaute verlegen auf seine Schuhspitzen und wusste gar nicht, wie er sich verhalten sollte. Er fühlte sich von allen Seiten angestarrt und brachte vor Aufregung nicht ein Wort über die Lippen.

«Der kann ja gar nicht sprechen», sagte das Mädchen enttäuscht, und auch die anderen Kinder machten lange Gesichter.

«Vielleicht ist er schlecht gelaunt», vermutete Lars und schnitt eine Grimasse, um den Zwerg wenigstens zum Lachen zu bringen.

Das aber verwirrte Karl noch mehr, und er stand wie angewurzelt da und überlegte nervös, was wohl die schöne Amanda nun von ihm halten würde.

In diesem Moment kam Bewegung in die Reihe der Zwerge, die die Kinder mitgebracht hatten.

«Ich werd verrückt», jauchzte eine Stimme, und ein Zwerglein mit Schubkarre schlüpfte zwischen den Beinen der Kinder hindurch. «Das ist doch Karl mit der Laterne!»

Karl riss die Augen weit auf und war noch einen Moment lang sprachlos, bis er endlich seine Stimme wieder fand.

«Günther mit der Schubkarre», flüsterte er ergriffen.

Da gab es kein Halten mehr. Die beiden Zwerge fielen einander in die Arme.

«Karl mit der Laterne!»

«Günther mit der Schubkarre!»

Die beiden waren den Tränen nahe.

«Ja Karl, ist es denn die Möglichkeit!», krächzte noch eine andere Stimme aus der Zwergengruppe heraus.

Immer mehr Zwerge erwachten zum Leben und begrüßten ihren alten Freund. Kuno mit der Pfeife schwenkte vor Freude sein Zipfelmützchen durch die Luft, und Heinz-Peter, der einst in den Gartenteich gefallen war, tanzte ausgelassen im Kreis herum und stolperte vor lauter Übermut über die lange Angelrute, die er in der Hand hielt.

Die Kinder, die zunächst fassungslos um die Zwerge herumgestanden hatten, erholten sich langsam von ihrer Überraschung, klatschten in die Hände und freuten sich mit den Zwergen.

«Sie können sprechen und sie können sich bewegen!», riefen einige begeistert. «Paula hat Recht gehabt!»

In diesem Augenblick fiel Heinz-Peters Blick auf Amanda, die etwas abseits stand. Er stützte sich auf

seine Angel, betrachtete das Zwergenfräulein ein wenig abschätzend und fragte dann zu Karl gewandt:

«Wer ist denn die da?»

Karl pellte sich aus Günthers Umarmung und sagte stolz: «Das ist Amanda. Sie kommt aus Italien und ist eine echte Zwergendame.»

Heinz-Peters Bedenken schienen noch nicht zerstreut.

Karl machte einen Schritt auf Amanda zu, legte ihr den Arm um die Schultern und sagte: «Und außerdem ist sie neben Paula meine beste Freundin.»

Amanda lächelte, Heinz-Peter schmolz dahin und hatte keinerlei Einwände mehr.

«Und was machen wir jetzt?», fragte ein kleines Mädchen.

«Na, was wohl?», rief Günther. «Wir spielen Verstecken, so wie früher. Die Kinder müssen die Zwerglein suchen!»

Unter lautem Geschrei und Gelächter stoben die Zwerge auseinander, dicht gefolgt von den kleinen Jungen und Mädchen.

Als dieser Sonntagnachmittag zu Ende ging, hatten sämtliche Zwerglein Muskelkater. Was für ein schöner Tag war das gewesen! Ganz so wie früher. Günther hatte viele schöne Kieselsteine in seiner Schubkarre gesammelt, Kuno hatte mit seiner Pfeife Ringe in die Luft geblasen, und Karl war wieder der uneingeschränkte Meister im Lassowerfen. Bloß Heinz-Peter, der alte Unglücksrabe, hatte für einige Aufregung gesorgt. Zwar hatte er sich vorsichtshalber vom Springbrunnen fern gehalten, um nicht wieder unversehens im Wasser zu landen, dafür war er allerdings beim Versteckenspielen zwischen den Blumen in einem Maulwurfshügel stecken geblieben. Außerdem hatte er sich in der Leine seiner Angel verheddert. Aber Lars hatte ihn schließlich gefunden und befreit, und der Zwischenfall hatte die gute Laune der Kinder und Zwerge nicht trüben können.

Als es langsam Abend wurde, verabschiedeten sich die Kinder und ihre Zwerge von Paula, Karl und Amanda. Sie schüttelten sich die Hände und versprachen, von nun an jeden Sonntag miteinander zu spielen. Und während der Woche, so nahmen sich die Kinder vor, sollte jedes Zwerglein einen ganz besonderen Ehrenplatz bekommen. Keines von ihnen sollte je wieder in einem dunklen Gartenhäuschen oder auf einem staubigen Dachboden landen.

Paula setzte sich noch einen Moment zu Karl und Amanda, bevor sie ins Haus ging, um zu Abend zu essen.

Die Sonne schickte ihre letzten Strahlen über die Hausdächer, und die Blätter der alten Eiche glänzten wie Gold. Die Margeriten betrachteten still den klaren Himmel, und wie an jedem Abend waren es die faulen Tulpen, die ihre Kelche schon geschlossen hatten und den herrlichen Anblick verschliefen.

«Nun ist doch noch alles gut geworden», sagte Paula und strich Karl eine Haarsträhne aus der Stirn, die unter seinem roten Zipfelmützchen hervorlugte. «Was für eine tolle Geschichte», sagte sie. «Ich würde sie bestimmt nicht glauben, wenn ich sie nicht selbst erlebt hätte.»

Karl lächelte und wiegte bedächtig seinen Kopf hin und her. «Du würdest sie glauben», sagte er leise. «Du würdest sie ganz bestimmt glauben. Denn schließlich», Karl legte seine kleine Hand auf Paulas Arm, «bist du eine Zauberin. Und das hier ist eine Geschichte für Zauberinnen und Zauberer.»

ENDE

© Petra Paulina Kohl

## Ildikó von Kürthy

wurde 1968 geboren. Das heißt, sie ist schon ziemlich alt. Trotzdem isst sie immer noch Nutella direkt aus dem Glas und weint beim «König der Löwen». Sie lebt in Hamburg, arbeitet als Journalistin bei der Zeitschrift «Stern» und hat auch schon ein paar lustige Bücher für Erwachsene geschrieben. Sie hat einen Ehemann und einen Balkon, auf dem ein Gartenzwerg steht. Und der heißt natürlich Karl.

## Imke Sönnichsen,

geboren 1970 nahe der dänischen Grenze, studierte in London und in Mainz. Ihr erstes Bilderbuch erschien noch während ihrer Studienzeit und wurde mehrfach ausgezeichnet. Seither sind zahlreiche von ihr illustrierte Bücher bei namhaften Verlagen erschienen, außerdem Trickfilme, Kalender, CD-Cover, Postkarten und Poster. Imke Sönnichsen lebt als freie Illustratorin mit ihrer Familie in Aachen.

Illustration: Franziska Biermann

## Vorlesebücher für Kleine und Große – mit vielen Bildern zum Anschauen

**Bettina Obrecht**
**Anna wünscht sich einen Hund und andere Geschichten**
3-499-21128-9

**Monika Lange/ Nikolaus Heidelbach**
**Mit Katz und Hund auf Du und Du**
*Ein Tiersprachführer*
3-499-21180-7

**Franziska Biermann**
**Das Glücksbuch**
3-499-20949-7

**Franziska Biermann**
**Herr Fuchs mag Bücher**
Der kleine Herr Fuchs mochte sehr gerne Bücher. Was heißt hier mögen? Tatsächlich mochte der kleine Herr Fuchs Bücher so gerne, dass er immer, wenn er eins zu Ende gelesen hatte, dasselbe mit einer Prise Salz und etwas Pfeffer verspeiste ... Der Traum jedes Buchhändlers? Leider nein – denn der finanzschwache Herr Fuchs besorgt sich seine Lebensmittel illegal. Als die Sache auffliegt, wandert er ins Gefängnis und muss sein Dasein unter grauenhaften Umständen fristen: bei Wasser und ohne Bücher! Bis Herr Fuchs eines Tages den Gefängniswärter Herrn Schultz beschwatzen kann, ihm Papier und Stifte zu bringen.

3-499-21149-1

## rororo Rotfuchs

## Musikalische Milchkühe, grüne Wolken und abgedrehte Gurken

**Alan Arkin**
**Cassie liebt Beethoven**
*Buch mit CD*
3-499-21170-X
Etwas stimmt nicht mit Cassie, der Milchkuh, die sich die Kennedys angeschafft haben. Nicht nur dass sie spricht, nein, sie ist völlig verrückt nach Beethovens Sechster Symphonie ... Ein herrlich komisches und im besten Sinne verrücktes Buch über die Liebe zur Musik und ihre manchmal überraschende Wirkung!

**Achim Bröger**
**Oma und ich**
3-499-21186-6

**Doralies Hüttner**
**Komm, ich zeig dir die Sonne**
3-499-20139-9

**Alexander Sutherland Neill**
**Die grüne Wolke**
*Den Kindern von Summerhill erzählt*
3-499-20794-X

**Christine Nöstlinger**
**Wir pfeifen auf den Gurkenkönig** *Ein Kinderroman*
Mit Majestät will dieses «Ding» angeredet werden, das da plötzlich in der Küche der Familie Hogelmann sitzt und um politisches Asyl bittet. – Ausgezeichnet mit dem Deutschen Jugendliteratur Preis.

3-499-20153-4

## Der kleine Vampir
## von Angela Sommer-Bodenburg

**Der kleine Vampir**
3-499-20216-6

**Der kleine Vampir zieht um**
3-499-20245-X

**Der kleine Vampir verreist**
3-499-20297-2

**Der kleine Vampir auf dem Bauernhof 3-499-20325-1**

**Der kleine Vampir und die große Liebe** 3-499-20389-8

**Der kleine Vampir in Gefahr**
3-499-20401-0

**Der kleine Vampir im Jammertal** 3-499-20435-5

**Der kleine Vampir liest vor**
3-499-20445-2

**Der kleine Vampir und der unheimliche Patient**
3-499-21133-5

**Der kleine Vampir in der Höhle des Löwen** 3-499-21134-3

**Der kleine Vampir und der Lichtapparat** 3-499-21135-1

**Der kleine Vampir und der rätselhafte Sarg**
3-499-21136-X

**Der kleine Vampir und die große Verschwörung**
3-499-21137-8

**Der kleine Vampir und die Klassenfahrt**
3-499-21138-6

**Der kleine Vampir feiert Weihnachten**
3-499-21139-4

**Der kleine Vampir und Graf Dracula**
3-499-21140-8

**Der kleine Vampir und die Tanzstunde**
3-499-21141-6

**Der kleine Vampir hat Geburtstag**
3-499-21171-8

B 45/1